Scoprire i Giochi Gratuiti Online

Disponibile Qui:

BestActivityBooks.com/FREEGAMES

5 CONSIGLI PER INIZIARE

1) COME RISOLVERE LE PAROLE INTRECCIATTE

I puzzle hanno un formato classico:

- Le parole sono nascoste senza spazi o trattini,...
- Orientamento: Le parole possono essere scritte in avanti, indietro, verso l'alto, verso il basso o in diagonale (possono essere invertite).
- Le parole possono sovrapporsi o intersecarsi.

2) APPRENDIMENTO ATTIVO

Accanto ad ogni parola c'è uno spazio per scrivere la traduzione. Per incoraggiare l'apprendimento attivo, un **DIZIONARIO** alla fine di questa edizione vi permetterà di controllare e ampliare le vostre conoscenze. Cerca e scrivi le traduzioni, trovale nel puzzle e aggiungile al tuo vocabolario!

3) SEGNARE LE PAROLE

Puoi inventare il tuo sistema di segni. Forse ne usi già uno? Per esempio, puoi segnare le parole difficili da trovare con una croce, le parole preferite con una stella, le parole nuove con un triangolo, le parole rare con un diamante, e così via.

4) STRUTTURARE L'APPRENDIMENTO

Questa edizione offre un **TACCUINO** alla fine del libro. In vacanza, in viaggio o a casa, puoi organizzare facilmente le tue nuove conoscenze senza bisogno di un secondo quaderno!

5) AVETE FINITO TUTTE LE GRIGLIE?

Nelle ultime pagine di questo libro, nella sezione della **SFIDA FINALE**, troverete un gioco gratuito!

Facile e veloce! Dai un'occhiata alla nostra collezione di libri di attività per il tuo prossimo momento di divertimento e **apprendimento,** a portata di clic!

Trova la tua prossima sfida su:

BestActivityBooks.com/MioProssimoLibro

Ai vostri posti, pronti...Via!

Sapevi che ci sono circa 7.000 lingue diverse nel mondo? Le parole sono preziose.

Amiamo le lingue e abbiamo lavorato duramente per creare libri di altissima qualità. I nostri ingredienti?

Una selezione di argomenti adatti all'apprendimento, tre buone porzioni di intrattenimento, una cucchiaiata di parole difficili e una spolverata di parole rare. Li serviamo con amore e entusiasmo in modo che tu possa risolvere i migliori giochi di parole e divertirti imparando!

La vostra opinione è essenziale. Puoi partecipare attivamente al successo di questo libro lasciandoci un commento. Ci piacerebbe sapere cosa ti è piaciuto di più di questa edizione.

Ecco un link veloce alla pagina dell'ordine:

BestBooksActivity.com/Recensione50

Grazie per il vostro aiuto e buon divertimento!

Tutta la squadra

1 - Salute e Benessere #2

```
X G V T I G B A E G U A V T J
A O E W I N C T S E L O B E N
Q V I T A M I N C N B Z L L N
H X V N A J I C K E F N I O H
A N A R H S I Đ O T R U N P I
N R A J I C A R D I H E D M G
A L N T G I V L I K A Z K C I
T T I T E P A C E A Z K R V J
O Ž Y B X B P Q R X D W A E
M B E B G J O W T M G E R Ž N
I T T X K P R A I E C I U A A
J D B W U B P Q E R X S J S V
A D I J E T A S G Q Y R F A R
E N E R G I J A H C D I S M L
B O L N I C A K A L O R I J A
```

ALERGIJA
ANATOMIJA
APETIT
KALORIJA
TELO
DIJETA
PROBAVA
DEHIDRACIJA
ENERGIJA
GENETIKA

HIGIJENA
INFEKCIJA
BOLEST
MASAŽA
ISHRANA
BOLNICA
TEŽINA
KRV
ZDRAV
VITAMIN

2 - Aggettivi #2

```
O N D V P O U Y O J S M O S K
D O R F R L S X P A O I Q Y R
G R A Y O V O N I K G A W C E
O M M C D K N J S N H C U W A
V A A P U N A T N A G E L E T
O L T R K E D A O S I A Đ F I
R N I I T V A U V O L T C B V
A O C R I U L T I N N A Đ D A
N Z N O V Č G E J O C B T C N
S D O D N Z C N L P N Y G K Đ
J L Q N O D O T M B Č E Z N O
R V A O O R T I I E U I J V H
U G G N Y A E Č N L C Q S I U
T O O Q O V K N A O N Y N T S
D R I C M N B O Z G N A U G O
```

GLADAN
SUHO
AUTENTIČNO
KREATIVAN
OPISNO
SLATKO
DRAMATICNO
ELEGANTAN
ČUVEN
JAK

ZANIMLJIVO
PRIRODNO
NORMALNO
NOVO
PONOSAN
PRODUKTIVNO
ČISTO
ODGOVORAN
SLANO
ZDRAV

3 - Ingegneria

```
O M F A U P J R C B L E Z I D
S S X N O G O P T P P N I S M
T G A M Z H A L M K K E Z T R
R A J D A E K O U Y D R R R Y
U V I X H X J J E G B G A E Y
K X C W S V Q G A P E I Č N Z
T M A R G A J I D Z J J U G R
U N T M O T O R K U N A N T J
R Q O L S B F L R L E K F H H
A I R A J I C U B I R T S I D
G M A Š I N A J Đ V E W Đ Đ P
L I Q U I D O C O K M T Q I L
P G R A D N J A N I B U D P F
S T A B I L N O S T I M M X Y
V Đ Đ M B D I A M E T E R M N
```

UGAO
OSA
IZRAČUN
GRADNJA
DIJAGRAM
DIAMETER
DIZEL
DISTRIBUCIJA
ENERGIJA
STRENGTH

POLUGE
LIQUID
MAŠINA
MERENJE
MOTOR
DUBINA
POGON
ROTACIJA
STABILNOST
STRUKTURA

4 - Archeologia

```
T P S T I M G O B J E K T I J
I O N T P R O F E S O R L A D
T T A Z R I S T R A Ž I V A Č
X O H J Đ U M I S T E R I J A
U M H U G J Č U T Y Q C F E Z
G A Y K E K O N N H B I R N A
R K E V A E K R J P Q G A R E
O N E P O Z N A T A S R G P E
B Đ G T Y S H Z Q D K E M R M
N D D A I F R I U X A F E O S
I D R A W H A L E D N O N C V
C E R E N K M A Z U T S T J C
A W O Z V B L N J V I I I E M
K O S T I N Z A B R K L H N F
H A J I V K I L E R A I Đ A C
```

ANALIZA
ANTIKA
DREVNI
POTOMAK
ERA
STRUČNJAK
FOSIL
FRAGMENTI
MISTERIJA
OBJEKTI

KOSTI
PROFESOR
RELIKVIJA
ISTRAŽIVAČ
NEPOZNAT
TIM
HRAM
GROBNICA
PROCJENA

5 - Salute e Benessere #1

```
L A F I O Y P M B B V M X C N
R I Z S H H O R M O N I U Q A
S C J Y N D L E G M A T S Q V
D A K E T O P A Đ B M S K V I
O D H Z K O H N O G T O O I K
K O T E R A P I J A E K Ž S A
T D B S S K G K S F R D A I M
O V A M K A U F L T T H N N F
R I K Y E J N A T Š U P O A R
W R T G L A D K L I N I K A A
Q U E B F C O A K T I V N O K
A S R A E M I Š I Ć I G F G T
B J I L R G S A V R X U C X U
A W J I S M G S P E Q M R X R
N U E W A A B E G K I Đ C R A
```

NAVIKA   MIŠIĆI
VISINA   HORMONI
AKTIVNO   KOSTI
BAKTERIJE   KOŽA
KLINIKA   REFLEKS
GLAD   OPUŠTANJE
APOTEKA   DODACI
FRAKTURA   TERAPIJA
LIJEK   TRETMAN
DOKTOR   VIRUS

6 - Aggettivi #1

```
D I D E N T I Č N I L Đ F Y V
E U U G Z T F M R O N O H D E
Z F G A R O M A T I C N O N L
E E C O N E Š R V A S F P L I
A M B I C I O Z N O W I R H K
B O N D E J I R V T A N N Z O
B S P O R G A A Đ H V U E Y D
O I F G Q M Z W X Z E P R N U
B Đ T K U O T O N V I T K A Š
D Q A A K D E K T S T O S M A
T A L N N E Š I X I C P I O N
O D L A G R K L S Đ Č N V R P
A L U T E N A E L Y E N X G D
M L A D W A K V S E I Y O O T
U M J E T N I Č K I A E H X C
```

AMBICIOZNO
AROMATICNO
UMJETNIČKI
POTPUNI
AKTIVNO
OGROMAN
EGZOTIČNO
VELIKODUŠAN
MLAD
VELIKO

IDENTIČNI
BITAN
SPOR
DUGO
MODERNA
ISKREN
SAVRŠENO
TEŠKA
VRIJEDNO
TANAK

7 - Geologia

```
E K E Y J S U P S T O N E E L
G R O G V K Đ E M P V Đ Z O Z
I K O N B C C Ć R I Z J E G H
I O N Z T Z P I U A E T A L P
D I V G I I F N W Y M K S C R
F O S I L J N A V Q L I T J U
X Y C Z W O A E T T J S A G G
R Q N A K L U V N U O E L Y T
G Z L N M S I S J T T L A S Đ
S T A L A K T I T D R I G O K
M I N E R A L I D U E N M K A
K R I S T A L I M K S A I O L
F Y M I G X W X Q G R T T R C
R D T H V X C H O M W Q I A I
L A V A U K V A R C S R Z L J
```

KISELINA
PLATEAU
KALCIJ
PEĆINA
KONTINENT
KORAL
KRISTALI
EROZIJA
FOSIL
GEJZIR

LAVA
MINERALI
STONE
KVARC
SO
STALAGMITI
STALAKTIT
SLOJ
ZEMLJOTRES
VULKAN

8 - Campeggio

```
I  H  F  A  M  K  T  X  P  G  O  E  O  M  N
N  U  B  Y  V  O  L  D  L  M  N  I  L  I  W
P  I  A  V  H  M  Q  W  A  D  O  R  I  R  P
Š  E  Š  I  R  P  E  J  N  I  T  O  V  I  Ž
M  M  F  J  Y  A  Ž  E  I  P  L  T  B  W  D
K  W  S  L  P  S  U  Ć  N  E  N  A  A  C  Š
W  Y  Q  A  T  K  S  E  A  B  U  Š  P  W  U
F  V  T  C  W  C  A  V  A  N  T  U  R  A  M
O  S  U  X  Q  O  N  R  M  L  T  N  C  H  A
R  O  M  Đ  B  M  I  D  I  J  K  A  M  S  G
E  E  Y  X  Q  M  B  R  X  T  E  K  W  S  N
Z  A  B  A  V  A  A  R  Y  O  S  S  Z  Y  U
E  G  S  Q  Q  H  K  P  Y  J  N  Z  E  F  O
J  A  G  B  T  J  Q  Q  A  S  I  K  P  C  W
O  I  J  Đ  V  C  U  C  I  X  L  D  J  S  X
```

DRVEĆE
HAMMOCK
ŽIVOTINJE
AVANTURA
KOMPAS
KABINA
LOV
KANU
ŠEŠIR
UŽE

ZABAVA
ŠUMA
PALI!
INSEKT
JEZERO
MJESEC
MAPA
PLANINA
PRIRODA
ŠATOR

9 - Tempo

```
J T K U I Y J R R W H K K V X
U F N G O D I N A I V D G P Y
T S Q N S S W T T M I N U T A
R A D N E L A K C X U P S F J
O I Y K J C E N T U R Y E F I
G R I Y I W P S P I C G D W N
S R O C R Y P J U Č E B M S E
X A N K P C O F X G S G I V C
B M T H S X S T J W E O C S E
D A N A S U L B M T J D U E D
D A N T E Z I K Đ F M I W V U
Q N O Ć D S J X P P R Š E M N
I T E B B K E N D O P N R N X
B U D U Ć N O S T S P J O K F
T R E N U T A K J Z W I E V Đ
```

GODINA
GODIŠNJI
KALENDAR
DECENIJA
POSLIJE
BUDUĆNOST
DAN
JUČE
JUTRO
MJESEC

PODNE
MINUTA
TRENUTAK
NOĆ
DANAS
SAT
USKORO
PRIJE
CENTURY
SEDMICU

10 - Astronomia

```
Z C O S M O S K F I G O S Z K
P R S V E M I R X E A P U E I
I Q A Q D Đ Z T E H L S P M A
M L P Č C Q D Y S I A E E L I
O J W D E I D G P K R R J O
N N E X O N I U Q E S V N A E
O V D S B R J A Z P I A O Đ I
R O P A E P A E X O J T V K E
T X N L N C O E F K A O A K X
S S T U A N O R T S A R R H M
A O C B U N R A S E T I A T E
B O Y E A G E S I L P J K S T
K G U N X I N T H E S V E L E
A S T E R O I D A T G V T F O
N G R A V I T A C I J A A S R
```

ASTEROID   NEBULA
ASTRONAUT   OPSERVATORIJ
ASTRONOM   PLANETA
NEBO   ZRAČENJE
COSMOS   RAKETA
EQUINOX   SUPERNOVA
GALAKSIJA   TELESKOP
GRAVITACIJA   ZEMLJA
MJESEC   SVEMIR
METEOR

11 - Algebra

```
D P Q I V B M A T R I C A Q P
I O N D E E J N A M I Z U D O
J J O R B S E H X M U Z A H H
A E M Q A K S X S C U L E T K
G D M N L O L H P V E S N W A
R N P A N N A S J O P T H L F
A O M Z Z A F G M N N L T H F
M S A N I Č A N D E J E D P F
L T K T U N I U Q S M H N C A
E A L U N O P R O B L E M T K
F V V A R I J A B L A D L K T
G I L Z A G R A D A F N K Q O
H R R J E Š E N J E H B W G R
N B A U P J K O L I Č I N A V
S A Z F F O R M U L A V V C N
```

DIJAGRAM
JEDNAČINA
EXPONENT
FALSE
FAKTOR
FORMULA
GRAF
BESKONAČNO
MATRICA
BROJ

ZAGRADA
PROBLEM
KOLIČINA
POJEDNOSTAVI
RJEŠENJE
SUMA
ODUZIMANJE
VARIJABLA
NULA

12 - Mitologia

```
P A I Q C Z L U C S U O M V M
O O Z H T G N E R T S Đ I J U
A U N K Z E T Š I V O D U Č N
E J N A R A V T S O U R Z Y J
N V X N Š O K T C R B Z H B A
J F B U H A I E W E E S Đ Y E
P M K J M I N G N N S Y H Y L
K U L T U R A J U J M G I A J
L E G E N D A G E E R P G R U
R H B A F O R T S A T A K H B
L A B I R I N T E N N T W E O
R F S M R T N I K E O E K T M
T H U N D E R N B B S V U I O
R A T N I K Đ V U O T S P P R
T R I J U M F A E U R O W W A
```

ARHETIP
PONAŠANJE
STVORENJE
STVARANJE
KULTURA
KATASTROFA
JUNAK
STRENGTH
MUNJA
LJUBOMORA

RATNIK
BESMRTNOST
LABIRINT
LEGENDA
SMRTNIK
ČUDOVIŠTE
NEBO
TRIJUMFA
THUNDER
OSVETA

13 - Piante

```
J  Š  C  R  I  C  B  W  U  E  M  D  R  B  K
R  U  V  C  Q  F  A  O  X  P  K  V  Đ  R  A
E  M  I  M  O  S  S  R  T  N  X  K  D  Š  K
W  A  J  V  V  M  E  G  L  A  R  K  R  L  T
M  E  E  Ć  Š  I  L  D  A  A  N  P  V  J  U
R  M  T  X  M  T  S  S  T  J  Đ  I  O  A  S
G  O  V  I  R  B  U  Đ  I  I  R  P  K  N  K
D  B  O  B  S  U  B  C  C  C  N  D  L  A  E
Đ  Y  R  T  Z  M  M  M  A  A  G  E  V  Y  P
P  X  B  A  Š  T  A  K  G  T  P  F  T  U  S
H  S  Z  I  V  N  B  Z  O  E  Đ  L  L  Z  O
F  Z  A  C  Z  X  G  J  A  G  C  O  F  J  O
E  D  R  U  Z  U  Y  R  R  E  B  R  S  F  B
T  R  A  V  A  J  H  N  A  V  J  A  D  O  M
C  K  F  X  U  U  F  W  Đ  H  O  I  J  F  G
```

DRVO	ĐUBRIVO
BERRY	CVIJET
BAMBUS	FLORA
BOTANIKA	LIŠĆE
KAKTUS	ŠUMA
GRM	BAŠTA
GROW	MOSS
BRŠLJAN	LATICA
TRAVA	ROOT
GRAH	VEGETACIJA

14 - Spezie

```
K U L V I Đ I H J K Y C T O X
U M T A K Š U M D H W O S X U
R T U N E E L O J K Y R R U C
K I T I Č E Š N J A K I P K W
U E F L G L A H F L K A A O B
M Z S I N A L H C Y E N P M S
A G Y J C Š A F R A N D R O X
B W M A L U T A K D X E I R A
Đ E O K U I M P O J J R K A G
J S M Q K S C I Y K G E A Č I
F U A F C V C O N E O B I S G
G G D E M W F I R U G I L W V
G O R A K Z R E M I W B Y M Đ
Y S A S L A T K O E C Q A R X
A S K G I N G E R M T E I M B
```

ČEŠNJAK   SLATKO
GORAK   KOMORAČ
ANIS   LICORICE
CIMET   MUŠKAT
KARDAMOM   PAPRIKA
LUK   BIBER
CORIANDER   SO
CUMIN   VANILIJA
KURKUMA   ŠAFRAN
CURRY   GINGER

15 - Numeri

```
O S A M N A E S T P I U C T W
Đ X V R S L C G C E S E D A M
S O D G E U R E F T X R Y M F
G V D X D N I X E B C Đ S V L
E T K R A Z S R A O D J C W Y
O S A M M Š E S T Q X L Đ Q A
D E V L N I E T S E A N T E P
E A A U A P T S E A N R T E Č
C N Đ Q E Z W E A S A D Z T F
I I I M S T N A N U E R G B O
M R C M T Y X N T Q Đ D U W Y
A T T U J T E S E D A V D Q K
L D I R K H Y E V J D E V E T
N Č E T I R I Š E T M H S C N
I T S E A N A V D C H P H Đ L
```

PET
DECIMALNI
DEVETNAEST
SEDAMNAEST
OSAMNAEST
DESET
DVANAEST
DVA
DEVET
OSAM

ČETRNAEST
ČETIRI
PETNAEST
ŠESNAEST
ŠEST
SEDAM
TRI
TRINAEST
DVADESET
NULA

16 - Cioccolato

```
K I K I R I K I X Đ U R K A A
S S B G B Q Y Q Đ P C C C R N
F A S L A T K O Q X E U R O T
A Y S U E G Z O T I Č N O M I
V Z W T E T I L A V K E C A O
O T D M O W D T O N K L K B K
R Ž Z B Q J I Z B C U K U S S
I T U Z J X A T X E Z B A U I
T A Đ D N Š I K T A L S W K D
T H Z Y N F K A R A M E L U A
P K O K C J K I Š B H S X S N
E J I R O L A K E R Q K R N T
C A C A O K R D Ć I Đ K P O S
E U C N Y O O G E U N K U W D
R D K I E E G S R P Q Q X F U
```

GORAK
ANTIOKSIDANT
KIKIRIKI
AROMA
ŽUDNJA
CACAO
KALORIJE
SLATKIŠ
KARAMEL
UKUSNO

SLATKO
EGZOTIČNO
UKUS
SASTOJAK
KOKOS
FAVORIT
KVALITET
RECEPT
ŠEĆER

17 - Guida

```
M W S O X I S T L I C E N C A
O O A S O V I R O G N C C O Ž
T J O Q K C V A M I L I C P A
O N B T D C T N T U Q N E A R
C C R P U S S S Đ X R Č S S A
I G A Z T A I P J W K O T N G
K W Ć T S O Y O G A S K A O X
L I A N U V K R O T O M N S Đ
B W J Đ B N Y T A T Z H G T Q
P M Đ X O A E P O L I C I J A
S J Y A T R L L D A Y S E R Z
X V E X U S I G U R N O S T J
W H I Š A Ć E R S E N R F K K
Z B R G A B R Z I N A R W Y H
M A P A Đ K S W U S V C Z Z Đ
```

AUTO
AUTOBUS
GORIVO
KOČNICE
GARAŽA
GAS
NESREĆA
LICENCA
MAPA
MOTOCIKL

MOTOR
PJEŠAK
OPASNOST
POLICIJA
SIGURNOST
CESTA
SAOBRAĆAJ
TRANSPORT
TUNEL
BRZINA

18 - I Media

```
I  Č  F  R  Q  R  P  N  O  I  M  Č  T  O  K
N  N  I  I  X  O  V  I  N  Z  R  A  E  B  O
L  Z  T  N  N  G  M  U  L  D  E  S  L  R  M
A  H  A  E  J  A  F  W  I  A  Ž  O  E  A  E
K  T  I  K  L  E  N  M  N  N  A  P  V  Z  R
O  L  E  I  K  E  N  S  E  J  O  I  I  O  C
L  U  Đ  L  Y  T  K  I  I  E  I  S  Z  V  I
K  Đ  N  S  T  F  U  T  C  R  D  I  I  A  J
J  W  V  K  D  L  H  F  U  E  A  N  J  N  A
F  A  Z  L  J  P  G  D  O  A  R  N  A  J  L
O  O  N  L  A  T  I  G  I  D  L  W  J  E  N
I  N  D  U  S  T  R  I  J  A  S  N  Q  E  O
I  V  O  V  A  T  S  X  E  N  I  V  O  N  Đ
H  A  J  I  C  A  K  I  N  U  M  O  K  J  P
E  J  N  E  J  L  Š  I  M  W  V  O  Đ  J  X
```

STAVOVI	INDUSTRIJA
KOMERCIJALNO	INTELEKTUALNO
KOMUNIKACIJA	LOKALNI
DIGITALNO	ONLINE
IZDANJE	MIŠLJENJE
OBRAZOVANJE	JAVNO
ČINJENICE	RADIO
FINANSIRANJE	MREŽA
SLIKE	ČASOPISI
NOVINE	TELEVIZIJA

19 - Forza e Gravità

```
P O B K L W J V P U T F O L A
R W O X H E J R L N L I G S X
I D D Đ F B K I A I H Z H C A
T T E Ž I N A J N V P I E X M
I B R Z I N A E E E R K T Đ M
S L P K V A D M T R O A C Q A
A J R F L K J E E Z Š C D V G
K O S O B I N E Ć A I E O U N
Y Z F E U N T J I L R N R E E
T M G L Q A A H R N E T B K T
U R U G D H D P K I N A I J I
R J E S C E W X T M J R T M Z
O I I N Đ M Đ S O T E Q A S A
N F E N J D I N A M I Č K I M
D Z V D A E J N A T E R K X H
```

OSA
TRENJE
CENTAR
DINAMIČKI
PROŠIRENJE
FIZIKA
UDAR
MAGNETIZAM
MEHANIKA
KRETANJE

ORBITA
TEŽINA
PLANETE
PRITISAK
OSOBINE
OTKRIĆE
VRIJEME
UNIVERZALNI
BRZINA

20 - Uccelli

```
U O P I Đ J C T G B S B V P X
Đ X A Q J E V O D U N E R I J
F W P T V R U U I L S T S N L
Z O A K T A P C L O J K P G K
S R G B O P M A G G A L A V O
P R A N D I R N A U J M C I K
H A J J U Q O P L L E K I N O
X P U O I C D G O L Q V V A Š
O S B N Q C A V N S H A A C F
O R A O P D U H T I G Đ K V L
P E L I K A N E D L M T U Y A
G A V H D E L R R B K A K B B
K M K A B R B O Y O S X L Q U
G U Đ Q P O G N L E T V G F D
B C K J C O U O G H U P A B P
```

HERON
PATKA
ORAO
RODA
LABUD
DOVE
KUKAVICA
FLAMINGO
GULL
GUSKA

PAPAGAJ
SPARROW
PAUN
PELIKAN
GOLUB
PINGVIN
KOKOŠ
NOJ
TOUCAN
JAJE

21 - Giorni e Mesi

```
Q J M S E P T E M B A R Z A S
L G J T I N U J S D X M D V E
T O E V O E H D Q O E R X G D
C H S U V D S U B O T A K U M
O C E X C J S R I J E D A S I
F K C P J E J U L I H N R T C
Đ E T Z O L D H I Z U E O S U
V L B O R J Q S R P O L T S J
W S F R B A W K P M T A U K G
H Đ J A U A B M A N Z K P Z L
C B A U J A R M G O D I N A E
S K D N K X R Q E P E T A K L
R R Y A R I Z F B V D G J V T
A K A J L E J D E N O P B N Q
D E C E M B A R Q A U N H W J
```

AVGUST
GODINA
APRIL
KALENDAR
DECEMBAR
NEDJELJA
FEBRUAR
JANUAR
JUN
JULI

PONEDJELJAK
UTORAK
SRIJEDA
MJESEC
NOVEMBAR
OKTOBAR
SUBOTA
SEPTEMBAR
SEDMICU
PETAK

22 - Casa

```
V R T Y L O V J J R Q X Š U T
R K F L O O R O Z O R P K U A
A M U U P T W U B S O W A W V
T B G H G J A R I K G R M E A
A Y O X I V N X B Q L T I B N
P J R S B N H M L U E H N E R
W Z I D X V J T I A D A R G O
S L A V I N A A O P A Q Z F L
H E E Z W I A Q T M L K R O V
Z K C J R F S Z E A O E N Y S
H T M Q U M B Q K L B O J M C
I Q F Z R N E G A Ž A R A G T
P L A F O N Y T G S Š L H C G
E Q A A V F U G L H T G J E J
T E C X Y Y G F D A A K T Đ A
```

TAVAN   ZID
BIBLIOTEKA   FLOOR
SOBA   VRATA
KAMIN   OGRADA
KUHINJA   SLAVINA
TUŠ   METLA
PROZOR   PLAFON
GARAŽA   OGLEDALO
BAŠTA   TEPIH
LAMPA   KROV

23 - Fantascienza

```
M I S T E R I O Z N O E W J Đ
V L D L D Y U B G B G K V U K
I T O B O R X U N F B S E F Q
L M G H P P F A O T X P F B Đ
A A A J I P O T S I D L A E U
P J S G J U P M P K M O N X O
A I U O I R A N E C S Z T T R
J G N T Q N Đ Q G P A I A R A
I O M F O K A E I O T J S E C
S L Đ J S P X R J K O A T M L
K O U O N Đ I Q N S M V I E E
A N R Z V U M J K O I L Č U K
L H S A I C Z Q A I C Y N P N
A E J T E J I V S B P H O U W
G T R K A X A T E N A L P C N
```

ATOMIC
BIOSKOP
DISTOPIJA
EKSPLOZIJA
EXTREME
FANTASTIČNO
PALI!
GALAKSIJA
ILUZIJA
IMAGINARNO

KNJIGE
MISTERIOZNO
SVIJET
ORACLE
PLANETA
ROBOTI
SCENARIO
TEHNOLOGIJA
UTOPIJA

24 - Città

```
K D U A P O T E K A K M Y U B
Đ Q U F H G F E M T N U X N I
J G A E R O D R O M J Z R I B
E A K I N I L K O J I E Š V L
T L E T O H B Z Z Y Ž J K E I
Š E Q K E Y A E G F A Đ O R O
I R K O N M N U G R R M L Z T
R I S R O O K A A Y A L A I E
O J D T A R A K E P S O T T K
Z A I E A M T R Ž I Š T E E A
O C E C R D R A Ć E J V C T T
P P T S Q S I E H R S S H E L
S K W X H D N O P O K S O I B
P J U M O C N H N U P I Đ E E
P R O D A V N I C A S C O S L
```

AERODROM
BANKA
BIBLIOTEKA
BIOSKOP
KLINIKA
APOTEKA
CVJEĆAR
GALERIJA
HOTEL
KNJIŽARA

TRŽIŠTE
MUZEJ
PRODAVNICA
PEKARA
ŠKOLA
STADION
SUPERMARKET
POZORIŠTE
UNIVERZITET
ZOO

25 - Fattoria #1

```
Š K D P M J C I V G J P S O U
E O Z G W A Y J N O K N V G A
S Z K E G L G P A S D H I R D
J A K O Đ E L A T H E A N A H
T U H V K Č W W R U M X J D A
X P H I U P J C V A U K A A P
T R Q R N U T Y I W C M S L O
K Y U B O O A D F C N X V K Đ
F X M U N X S R K R A V A W P
N Q R Đ E C Đ Q F X D W G D O
M P O L J O P R I V R E D A L
A J T D I C C L V X R M L Đ J
Č J C V S D R Đ C Y A E Đ F E
K K K Z J A T O W P A J A D T
A R I Ž A P M T E L E S E U W
```

VODA
POLJOPRIVREDA
PČELA
MAGARAC
POLJE
PAS
KOZA
KONJ
ĐUBRIVO
SIJENO

MAČKA
JATO
SVINJA
MED
KRAVA
KOKOŠ
OGRADA
RIŽA
SJEME
TELE

26 - Psicologia

```
I P D J E T I N J E Z V W N Đ
Đ E J I C O M E M P H W O E O
G R A G D C K Z X I K J Q S S
Đ C S P O Z N A J A S H W V E
M E L B O R P B X E R L C J N
A P P I S K U S T V A S I E Z
K C Đ O C N E C O S U W K S A
M I L D N Z G K D V T F Č N C
Đ J D I T A O A M Z I K I O I
N A H E Č V Š N G R C S N Q J
I D E J E N M A X Y A U I R A
K O X L T C O T N L J K L A C
N I H D E V B S I J I O K F N
T E R A P I J A T R E B K S X
T M E G G R T S O N R A V T S
```

SASTANAK   DJETINJE
KLINIČKI   UTICAJI
SPOZNAJA   MISLI
PONAŠANJE   PERCEPCIJA
SUKOB   LIČNOST
EGO   PROBLEM
EMOCIJE   STVARNOST
ISKUSTVA   SENZACIJA
IDEJE   TERAPIJA
NESVJESNO

27 - Paesaggi

```
O A S I S T D E Y T L P F H D
S A N T A L E D A U E L L Z P
Q R I J E K A K W N D A P R W
B F J E E R C J Y D E N G E U
O C E A N J O D P R N I G J H
R R I Z J E G M U A J N J B Z
E R R S J T A U S Ž A A G N F
Z Q F P L N K V T A K S O A W
E L O O T A A N I L O D U K M
J S G L S B N O N P I M C L Y
Đ N U U O Y R D J A E V G U J
W Y T O E N R D A P O D O V J
E I E T H Đ L M O Đ N T C V Y
Y P C O P E Ć I N A C K E L C
M S C K M O Č V A R A F X W S
```

VODOPAD	MORE
BRDO	PLANINA
PUSTINJA	OASIS
RIJEKA	OCEAN
GEJZIR	MOČVARA
LEDENJAK	POLUOTOK
PEĆINA	PLAŽA
SANTA LEDA	TUNDRA
ISLAND	DOLINA
JEZERO	VULKAN

28 - Energia

```
Đ U A T O L P O T X Q G B A E
F Z M F E B V J E T A R A Đ L
V O D I K N N O T O F W T P E
V D J G E G I O Đ B T F E G K
F U P A J E Z C V P Y W R O T
Đ K R N A B N Z K L A A I R R
P A R A U M E H T J J N J I O
O M C H R K B N Q Y I I A V N
B J O Q T Y L S X R P B V O M
E Y O T F B P E A E O R U O T
L P J K O X B G A W R U G A S
E E Y B U R O E X R T T L C J
Z A G A Đ E N J E W N W J N I
I N D U S T R I J A E I I T N
D E L E K T R I Č N I V K B J
```

BATERIJA
BENZIN
TOPLOTA
UGLJIK
GORIVO
DIZEL
ELEKTRIČNI
ELEKTRON
ENTROPIJA
FOTON

VODIK
INDUSTRIJA
ZAGAĐENJE
MOTOR
NUKLEARNI
OBNOVLJIVO
TURBINA
PARA
VJETAR

29 - L'Azienda

```
M  M  D  O  H  I  R  P  O  B  U  G  T  P  M
J  I  K  N  V  A  I  R  D  A  U  G  C  V  B
K  V  A  L  I  T  E  T  L  V  O  E  L  I  A
B  O  D  A  L  E  R  S  U  A  Đ  L  H  E  E
T  D  E  B  Y  U  N  O  K  P  L  A  T  E  D
G  N  R  O  K  A  W  N  A  B  I  Y  J  J  Đ
L  E  P  L  B  O  U  Ć  W  X  N  P  E  N  K
S  R  A  G  Y  K  H  U  A  Đ  O  R  D  A  R
D  T  N  S  H  A  I  G  D  M  V  O  I  G  E
R  E  S  U  R  S  I  O  J  Y  A  I  N  A  A
R  I  Z  I  C  I  R  M  L  K  T  Z  I  L  T
I  N  D  U  S  T  R  I  J  A  I  V  C  U  I
Z  R  J  N  I  L  M  U  B  N  V  O  E  Z  V
Q  M  W  B  T  G  U  D  D  K  N  D  X  Đ  A
O  N  L  A  N  O  I  S  E  F  O  R  P  Đ  N
```

KREATIVAN
ODLUKA
GLOBALNO
INDUSTRIJA
INOVATIVNO
ULAGANJE
MOGUĆNOST
PROIZVOD
PROFESIONALNO

NAPREDAK
KVALITET
PRIHOD
UGLED
RIZICI
RESURSI
PLATE
TRENDOVI
JEDINICE

30 - Giardino

```
T K J Y B U X C K W W L G C O
T R D S J V M D W V U M Z V G
T S A S L X I W B V D C U I R
L I T V G A R A Ž A T T I J A
N G Š B N C Q P H F M R G E D
E H A F X J X Y D R V O A T A
T T B J T K A J N Ć O V R V S
Z R R U O T D K O Q Q E E O A
R X G A Đ A O B P G B J T R R
L L H J M L O P A T A I Z O E
G K V L J P Đ U M V G R P K T
L V G M F Z O Q L I W C C Q Y
R A K E R H W L Y N K L U P A
U D P Z O L P L I E Y H Y K V
H A M M O C K X M N T M V H B
```

DRVO   KLUPA
HAMMOCK   TRAVNJAK
GRM   RAKE
TRAVA   OGRADA
KOROV   POND
CVIJET   ZEMLJA
VOĆNJAK   TERASA
GARAŽA   TRAMPOLIN
BAŠTA   CRIJEVO
LOPATA   VINE

31 - Riscaldamento Globale

```
O V T S V A D O N O K A Z I Đ
X F I R E J I C A R E N E G I
J J Y A M I L K J D Z J J B J
E I P Y S R H R N P R F P U I
Đ G Y Z X T S W Ž S O C O D Q
W H N F F S A G A Đ M B N U Z
B U L A M U P N P A F C A Ć Z
O M A E Z D V B I X Đ J U N U
S A D A I N V L C Š G O Č O R
V Z I B D I U E A P T C N S A
A R K T I K U P D D Q A I T Z
E N E R G I J A O M A Z K Z V
U E J I C A L U P O P I X W O
M E Đ U N A R O D N I R G E J
P O S L J E D I C E S K Q U C
```

ARKTIK
PAŽNJA
KLIMA
POSLJEDICE
KRIZA
PODACI
ENERGIJA
BUDUĆNOST
GAS
GENERACIJE

VLADA
STANIŠTA
INDUSTRIJA
MEĐUNARODNI
ZAKONODAVSTVO
SADA
POPULACIJE
NAUČNIK
RAZVOJ

32 - Frutta

```
K D I N J A X J F P B V P P N
R B L A C K B E R R Y X W C A
U W N M A C R Q I M H W D J R
Š M S A N A N A J N Š E R T A
K N I R A T K E N P W L P T N
A Đ Y E P L V A V O K A D O D
I R L L G R O Ž Đ E C F B X Ž
K K E I J A B U K A X M Š D A
J J Đ C Z Y P B Z B F N L Q S
P Q H A G A K A A O A Q J J T
M A Đ R W N I M P N E D I B O
M A L I N A V W A A A H V E F
X R K T I Đ I N J N Y N A R A
B R E S K V I C A Y G A A R Q
Z Đ L I M U N R N C X O X Y Đ
```

MARELICA
ANANAS
NARANDŽASTO
AVOKADO
BERRY
BANANA
TREŠNJA
KIVI
MALINA
LIMUN

MANGO
JABUKA
DINJA
BLACKBERRY
NEKTARIN
PAPAYA
KRUŠKA
BRESKVICA
ŠLJIVA
GROŽĐE

33 - Fattoria #2

```
L A A J P G H S A C D B E W R
L P Q A M A Č E J C W P Y O V
A M M M K N T V O Ć N J A K M
M P L B E A M K K U K U R U Z
A Q G I R R R B A C I N E Š P
O O T L J H O E P A S T I R F
G V F F P E T D S D C V X V A
L V C I Đ J K H L A R A F K R
S X F E S N A O S V Q K V M M
B A O D Y I R A C I N Š O K E
A Y R I V T T Q V L Q P V I R
R I W M V O G U S K E T Y Y V
N E J N A V A J N D O V A N N
J Z V U Q I J K H O G V O Ć E
Y Đ X W S Ž O Z G R R Y F F I
```

JAMB
FARMER
KOŠNICA
PATKA
ŽIVOTINJE
HRANA
BARN
VOĆE
VOĆNJAK
PŠENICA

NAVODNJAVANJE
LLAMA
MLIJEKO
KUKURUZ
GUSKE
JEČAM
PASTIR
OVCE
LIVADA
TRAKTOR

34 - Verdure

```
M C X E S F K A Š A R G R P Y
P V Y U K Z R E L E C Y E A A
E R G I Z J A D A R A P P T K
R O A Y R M S Z C I N S A L M
Š I W X N R T G I N G E R I Đ
U R P L Đ K A T A L A S F D J
N Š O M Z V V P Q N V T E Ž B
Z P C T O A A K O Č I T R A R
T I J O K R C M T X J U D N O
Q N M L A V K I T Y L D Đ M K
V A M L J K I J L M G Đ J I U
Q T X A N P Q C I H K K X R L
Y F F H Š F Đ V A R N O N G A
L U K S E U N H I M K X C L I
G R Q E Č R H X L Q Đ S X M K
```

ČEŠNJAK   GRAŠAK
BROKULA   PARADAJZ
ARTIČOKA   PERŠUN
MRKVA   REPA
KRASTAVAC   ROTKVICA
LUK   SHALLOT
GLJIVA   CELER
SALATA   ŠPINAT
PATLIDŽAN   GINGER
KROMPIR   TIKVA

35 - Musica

```
Z O J Đ O X R M Y E D Y V B H
B P P S I M I U U S A N O B A
S V N E P Y T B C Z J K K Y R
M A T I R Q M L T W I W A W M
K I L Y O A I A D R D Č L Q O
U T K A H C Č N L R O X A Y N
J A I R F I K S R I L G K R I
W V Z E O Q I B M I E L I H K
A E U G I F B I V K M Đ S R Y
K J J N D Z O Z B H P G A V C
K P M I G C J N Q P P S L I I
S Z F S S N I M A N J E K Z T
D O J L Y D M B A L A D A V Z
H A R M O N I J A K I T E O P
Y V Đ N I N S T R U M E N T K
```

ALBUM	MIKROFON
HARMONIJA	MJUZIKL
HARMONIK	MUZIČAR
BALADA	OPERA
SINGER	POETIKA
PJEVATI	SNIMANJE
KLASIKA	RITMIČKI
HOR	RITAM
LIRSKI	INSTRUMENT
MELODIJA	VOKAL

36 - Barbecue

```
J K H Z K I E S N C Đ T V P P
H P L S O S G G T C N H E O R
G R D I K O M R E B I B Č R O
F P A T O T J M E R R M E O Š
F A L N Š E D K P U L A R D T
Z R G Z A L F B Q Č P P A I I
V A X N Đ B D Y Q A Đ V E C L
O D V Y C Y Z D X K P V K A J
Ć A X L N O Ž E V I K Y D C M
E J K T J O O T R I O V I H L
F Z J R J Z O A K I Z U M Đ Z
V R U Ć E H V L A C D O O C M
R R I K Y X L A X C H N P L Đ
E L F R X J U S H U Z A W U X
O K V A M F A E T Y H Q F K F
```

VRUĆE	ROŠTILJ
VEČERA	SALATE
HRANA	POZIV
LUK	MUZIKA
NOŽEVI	BIBER
LETO	KOKOŠ
GLAD	PARADAJZ
PORODICA	RUČAK
VOĆE	SO
IGRE	SOS

37 - Insetti

```
B S G Q Y L F N O G A R D N F
K U E M Đ P Đ H B U J V E P O
M T B I Q S Č L L B L J B M E
C R V A N A Z E J Y O T T H M
A W Y D Š W T A L D C A B U B
P Z H A A V H E O A U H N K T
H D J C Y G A L M L S U E T E
I O B I J K A B D P T B J D R
D K B C A V A K A K S G L R M
L A R V A G S C C C A O Š G I
M A N T I S M R M D B K R R T
L E W A D F X Q X F K D T G Z
I K O M A R A C A J Đ R S J E
L E P T I R U O Đ R G A O W O
D Z Q M W O O B Y F U M Y I H
```

APHID
PČELA
STRŠLJEN
SKAKAVAC
CICADA
LADYBUG
BUBA
MOLJ
LEPTIR
ANT

LARVA
DRAGONFLY
LOCUST
MANTIS
BUHA
BUBAŠVABA
TERMIT
CRV
WASP
KOMARAC

38 - Fisica

```
E A P Z C Y J E A I Y R Đ J O
F L A R O T O M N Y M Z B G O
O U E T O P T Z N S L X Y J Z
R K D K O Š G M E H A N I K A
M E T L T M I E W M W A U U I
U L G W Đ R C R X A I C B N G
L O B A R Y O C E O K I R I U
A M R Đ Z Q Đ N A N S T Z V S
U Č E S T A L O S T J S A E T
N U K L E A R N I G I E N R I
G A S H A O S B Y Z M Č J Z N
M A G N E T I Z A M E I E A A
B R Z I N A F R F S H M F L H
R E L A T I V N O S T K A N F
G R A V I T A C I J A E Q I R
```

UBRZANJE	GRAVITACIJA
ATOM	MAGNETIZAM
HAOS	MEHANIKA
HEMIJSKI	MOLEKULA
GUSTINA	MOTOR
ELEKTRON	NUKLEARNI
PROŠIRENJE	ČESTICA
FORMULA	RELATIVNOST
UČESTALOST	UNIVERZALNI
GAS	BRZINA

39 - Agronomia

```
O K R U Ž E N J E H S Y P E P
U Y A D O V W B G R N L A K O
H Z E J Đ Đ Q O D A Y Z I O L
Đ U B R I V O L S N A N S L J
B M C T K D M E H A M A T O O
B K B B S O U S R C A U R G P
S W S C O D O T S A R K A I R
A I B O E R O I S M D A Ž J I
M K R C S Ž Q Đ S Z Đ Y I A V
F S L A J I G R E N E L V B R
B N T M G V Z J V T F Đ A U E
I A J N D O V Z I O R P N E D
K G Z A G A Đ E N J E O J S A
E R E R O Z I J A J L M E Z P
T O Z P S J E M E Q P L G V M
```

VODA
POLJOPRIVREDA
OKRUŽENJE
HRANA
RAST
EKOLOGIJA
ENERGIJA
EROZIJA
ĐUBRIVO
ZAGAĐENJE

BOLESTI
ORGANSKI
PROIZVODNJA
ISTRAŽIVANJE
SEOSKI
NAUKA
SJEME
ODRŽIVO
STUDIJA
ZEMLJA

40 - Erboristeria

```
C M Y Đ U Đ E K L L I D I D Đ
Z V G D Y V S O A R T P W P Y
K K I M O W T M V Y O V K Q Q
O V O J N Y R O A J G T Z F K
T A R M E W A R N U Š R E P C
K L I A L T G A D L I H N T I
U I G R E V O Č A Đ X G W V X
L T A J Z M N S A S T O J A K
I E N O L X Č E Š N J A K E A
N T O R F M B R O S E M A R Y
A Z W A I E D A T I M I J A N
R T F M U N V T S H F F A S Q
S B Š P Đ T L G H I T A V K R
K R D A Z A S L L O L K R P X
I R J K B Š A F R A N E B X K
```

ČEŠNJAK   MARJORAM
DILL   MENTA
BASILE   ORIGANO
KULINARSKI   PERŠUN
ESTRAGON   KVALITET
KOMORAČ   ROSEMARY
CVIJET   TIMIJAN
BAŠTA   ZELENO
SASTOJAK   ŠAFRAN
LAVANDA

41 - Biologia

```
P  Ć  B  A  K  T  E  R  I  J  E  D  Đ  N  E
I  M  E  F  S  K  V  A  Z  G  X  H  T  E  M
T  R  G  L  Đ  Y  R  S  Y  Đ  M  A  C  U  B
K  F  Q  P  I  M  E  I  H  A  I  A  T  R  R
U  O  M  Đ  Q  J  N  S  R  Z  Z  J  Z  O  I
L  N  L  M  O  Q  A  S  O  E  N  I  W  N  O
T  D  E  A  R  A  S  E  M  T  E  C  M  O  N
N  O  G  Z  G  B  G  V  O  N  U  A  P  M  C
C  R  A  O  B  E  I  O  S  I  V  T  L  R  E
U  I  D  M  L  C  N  L  O  S  N  U  K  O  S
Q  R  I  S  L  J  J  U  M  O  W  M  T  H  P
T  P  C  O  W  J  Z  C  Y  T  H  E  Z  R  A
C  D  E  S  Z  A  J  I  M  O  T  A  N  A  N
P  R  O  T  E  I  N  J  T  F  X  Q  N  K  Y
J  G  T  L  U  V  Q  A  Z  O  I  B  M  I  S
```

ANATOMIJA	MUTACIJA
BAKTERIJE	PRIRODNO
ĆELIJA	NERVE
KOLAGEN	NEURON
HROMOSOM	HORMON
EMBRION	OSMOZA
ENZIM	PROTEIN
EVOLUCIJA	GMAZ
FOTOSINTEZA	SIMBIOZA
SISAR	SYNAPSE

42 - Attività Commerciale

```
R Z A P O S L E N I E T P A P
J O U L A G A N J E J Đ L Y O
T O B N R M : A M R I F R J S
N R I A H K L J T C S X I J L
B N A D X A J I M O N O K E O
B D I N F A B R I K A V Z G D
V U J M S M C A V O N F X Q A
A H D S L A R L V Đ I B J K V
L Y O Ž X W K E S H F U I A A
U Q H X E J N C P R O F I T C
T N I G I T T N I P O P U S T
A K R Đ F Q I A A J A D O R P
Y J P W K C W K O L A X Z A C
P R O D A V N I C A F T C M Y
K A R I J E R A K O S T D Q S
```

BUDŽET   PRODAVNICA
KARIJERA   PROFIT
KOST   PRIHOD
POSLODAVAC   POPUST
ZAPOSLENI   FIRMA:
EKONOMIJA   NOVAC
FABRIKA   TRANSAKCIJA
FINANSIJE   KANCELARIJA
ULAGANJE   VALUTA
ROBA   PRODAJA

43 - Fiori

```
A K T W O U T Q U Y A Z J X H
I K D T O K R U E P S B A P I
N O T L C L A T E P W U S L B
E R C X R Y T Č L O D K M U I
D X R D R P I C A P Y E I M S
R A D U Đ Đ N P I L U T N E K
A L F M L J Č U D P S Y E R U
G P P F A J I L O N G A M I S
L X B Z O V C C N D A M M A S
I I T S B D A O R H I D E J A
L P L M H E I P E O N Y C D G
M N Q Y E M Q L L A V A N D A
P A S S I O N F L O W E R V N
S U N C O K R E T A Q N P Q W
J O R G O V A N C L O V E R N
```

MASLAČAK
GARDENIA
JASMINE
LILY
SUNCOKRET
HIBISKUS
LAVANDA
JORGOVAN
MAGNOLIJA
TRATINČICA

BUKET
DAFFODIL
ORHIDEJA
POPPY
PASSIONFLOWER
PEONY
PETAL
PLUMERIA
CLOVER
TULIP

44 - Filantropia

```
R E J S R E D S T V A F D R H
E R T S O N Š U D O K I L E V
Č O V J E Č N O S T A N M P C
G O O Đ V W X L W N J A I U Z
B L Q V I V O Z A Z I N S R Z
C T O C T K B W C I R S I G U
L S Y B K Z O Q I M O I J N H
J R T V A W P I N A T J A G G
U P I E T L A T D R S E O H K
D J R G N K N O E G I B W N Q
I U A U O G F O J O D J E C A
Y L H V K V I T A R I N O D X
H F C N N U V I Z P F P V J P
B V M T S O N E R K S I T F W
M L A D O S T C I L J E V I W
```

DJECA
CHARITY
ZAJEDNICA
KONTAKTI
DONIRATI
FINANSIJE
SREDSTVA
VELIKODUŠNOST
MLADOST
GLOBALNO

GRUPE
MISIJA
CILJEVI
ISKRENOST
LJUDI
PROGRAMI
JAVNO
IZAZOVI
ISTORIJA
ČOVJEČNOST

45 - Ecologia

```
M C I R E T N O L O V N M R G
H A R O L F F O N C E I I B E
F M R I Y I A A L P G U D A M
U H L I H F U U I X E M H D N
Q H S E N I N A L P T W H O L
C R G D Y E A V O H A T S R V
Đ P R I R O D N O V C G R I K
T S T A N I Š T E W I E A R L
G L O B A L N O W R J Ž M P I
S T S O K I L O N Z A R R I M
R E S U R S I S U Š A E A D A
D Y O E Z I A K A N A T S P O
V O F Z A J E D N I C E Z M P
B I L J K E B M E H Q K A J Z
Q U I G C F I X Z T L D L X M
```

KLIMA
ZAJEDNICE
RAZNOLIKOST
FAUNA
FLORA
GLOBALNO
STANIŠTE
MARINE
PLANINE
PRIRODA

PRIRODNO
MARSH
BILJKE
RESURSI
SUŠA
OPSTANAK
ODRŽIVO
VRSTA
VEGETACIJA
VOLONTERI

46 - Discipline Scientifiche

```
M I N E R A L O G I J A Q T A
M E T E O R O L O G I J A D R
R G B I O H E M I J A J W L H
S O C I O L O G I J A A Z Y E
M E K O L O G I J A O K A T O
E Q Z N E U R O L O G I J A L
H F C A O Z U L A E U N I J O
A U O F Đ L Z K J W L A M I G
N O E X L G I K I J V T O G I
I R Z J O Z I Y M V R O N O J
K U A J I G O L O E G B O L A
A L I N G V I S T I K A R O X
H E M I J A Đ G A Z Z J T I K
V A J I G O L O N U M I S B Đ
L M K E K D W L A L I V A Đ V
```

ANATOMIJA   GEOLOGIJA
ARHEOLOGIJA   IMUNOLOGIJA
ASTRONOMIJA   LINGVISTIKA
BIOHEMIJA   MEHANIKA
BIOLOGIJA   METEOROLOGIJA
BOTANIKA   MINERALOGIJA
HEMIJA   NEUROLOGIJA
EKOLOGIJA   SOCIOLOGIJA

47 - Scienza

```
E F E K S P E R I M E N T B M
K V W F J F I V J M N Đ I Y E
J V O P W R I E E S H A U L T
L L G L R Đ H I P O T E Z A O
I A R Č U I H E M I J S K I D
B B A M E C R Y S M O L R S A
Z O V I L S I O D S H A M D L
S R I N U U T J D C W C A L R
B A T E K P T I A A K I Z I F
E T A R E I Q C C U I N I S V
K O C A L M E A X E N E N O L
N R I L O V Z D W W Č J A F W
V I J I M C W O U U U N G I Y
T J A A T O M P F B A I R N W
Z A M I L K X U T V N Č O W J
```

ATOM
HEMIJSKI
KLIMA
PODACI
EKSPERIMENT
EVOLUCIJA
ČINJENICA
FIZIKA
FOSIL
GRAVITACIJA

HIPOTEZA
LABORATORIJA
METODA
MINERALI
MOLEKULE
PRIRODA
ORGANIZAM
ČESTICE
BILJKE
NAUČNIK

48 - Imbarcazioni

```
M Y T J Q Y H E A P P C G Y N
X O R D I S L Z H L L G O Y A
U U R O T O M C R L I V C O U
U B D N V X H R S O M Q E U T
N Ž M F A G K I Q B A Q A S I
A W E Đ C R Z J G R T U N V Č
K A R D I U H E T A L A S I K
Y J O K L C Q K A J A K V X I
X N M O I D C A D A S O P D D
P V M V R M Z T K E J A R T Z
C O C X D I V M Z T V A L P S
F E M Q E R B B Z D E T H K C
K T T H J Đ H Z Y W R I O T T
V O W W Q U J T B O Z D M H A
J E Z E R O B C E Y J E A N D
```

JARBOL   MORE
SIDRO   PLIMA
JEDRILICA   MORNAR
BUOY   MOTOR
KANU   NAUTIČKI
UŽE   OCEAN
POSADA   TALASI
RIJEKA   TRAJEKT
KAJAK   JAHTA
JEZERO   SPLAV

49 - Chimica

```
W P R R O T A Z I L A T A K M
N U K L E A R N I I E B N T A
J S I I U N Q N S Q L Z I O T
S B D S K I J L G U E L L P O
A R O V D Ž D D G I K O E L M
K Y V B D E J R Z D T R S O S
I S O K B T P T Q X R G I T K
S Q S W X A A Q M M O A K A I
I R S M M Y W M I E N N V N G
K M O L E K U L A O L S I L U
H E A L G A S F Y D N K V A Đ
G X R M H E N Z I M U I M K S
T E M P E R A T U R A N J L I
F D J S B O J L B N B R D A B
W M N W W S V M W R D P Đ A O
```

KISELINA

ALKALNA

ATOMSKI

TOPLOTA

UGLJIK

KATALIZATOR

HLOR

ELEKTRON

ENZIM

GAS

VODIK

ION

LIQUID

MOLEKULA

NUKLEARNI

ORGANSKI

KISIK

TEŽINA

SO

TEMPERATURA

50 - Api

```
K R A L J I C A Q O R B Y V N
B X Q D Q C D S R H B I W C Q
E A H A H D Z C R O J L T X X
Q W Š Y E F L K E Ć E J I V C
F M E T S I S O K E C K R T B
T I P N A M X Y A E N E M T M
T D X L L J Đ Z O Z U Đ T K O
H A E H I T P A D M S K V H O
R P Y M R A Z N O L I K O S T
A O T O K L F C Y E H M C Y K
N L U S Y X Đ S U B E I Đ N E
A E E S A I V B W L A H V Q S
A N V O Ć E T Š I N A T S E N
I M D L K O R I S N O U M P I
C J G B J H S P R Y I J H T D
```

KRILA
HIVE
KORISNO
WAX
HRANA
RAZNOLIKOST
EKOSISTEM
CVIJEĆE
BLOSSOM
VOĆE

DIM
BAŠTA
STANIŠTE
INSEKT
MED
BILJKE
POLEN
KRALJICA
ROJ
SUNCE

51 - Strumenti Musicali

```
G S J K A K F J M F T T Y R M
I A J C L L U W A L R D Z N Q
T K Y S Y A D Y R A U B Z J E
A S M T I R A C I U B A H L T
R O F Q T I R Č M T A Đ U C N
A F A K F N A E B A B A N J O
Z O G F P E L L A N N I I B
K N O Đ G T J O N I Y I L M M
B L T I O F K T E L I W O L O
U B A N N I E Q H O B M I U R
B O J V G Y G B J D X N V H T
A V L P I P A K I N O M R A H
N M M B T R O Q E A Y B T E U
J Y S R O A R U B M A T O W L
L X H Đ L H Y E P O L Đ V E E
```

HARMONIKA
HARP
BANJO
GITARA
KLARINET
FAGOT
FLAUTA
GONG
MANDOLINA
MARIMBA

OBOE
UDARALJKE
KLAVIR
SAKSOFON
TAMBURA
BUBANJ
TRUBA
TROMBON
VIOLINU
ČELO

52 - Professioni #2

```
N F Z Z O O L O G Y X N L B I
Z O T U A N O R T S A Đ I I L
U Z V O B E D D J K I Đ N B U
T O L I P A S F X G T W G L S
R L J V N P R O T K O D V I T
L I O S U A H I R U R G I O R
P F T G C A R K E I Y S S T A
F O T O G R A F D U G I T E T
V R T L A R K V A R P A E K O
K Y G O V Đ I E K Y J C W A R
X U P I B J L E T I Č U I R G
Đ R A B F C S I N Ž E N J E R
R J O Q I S T R A Ž I T E L J
Z F I Z U M I T E L J N J H A
I S T R A Ž I V A Č Z C O H D
```

ASTRONAUT   INŽENJER
BIBLIOTEKAR   UČITELJ
BIOLOG   IZUMITELJ
HIRURG   ISTRAŽITELJ
ZUBAR   LINGVIST
FILOZOF   DOKTOR
FOTOGRAF   PILOT
VRTLAR   SLIKAR
NOVINAR   ISTRAŽIVAČ
ILUSTRATOR   ZOOLOG

53 - Letteratura

```
D N L H I X F H Q U M S T A M
I G I W T J A G U O I A S G I
J S E D S L V V K D I Z R F Š
A T O D G E N A Z I L A N A L
L K Z R A N A L O G I J A D J
O C I H C K A Č U J L K A Z E
G L C T O P I S Đ T I L R H N
J E J N E Đ E R O P T K O F J
P O E M A O Q Q J H S Y F M E
J M O P H I P X X Đ R Ž A N R
Q P D H Z O X J P O I H T A O
W P A J I D E G A R T R E M T
B I O G R A F I J A A V M O U
T E M A R I M A Z T M T E R A
K D D D L P K T E J Q U B W Q
```

ANALIZA
ANALOGIJA
ANEGDOTA
AUTOR
BIOGRAFIJA
ZAKLJUČAK
POREĐENJE
OPIS
DIJALOG
ŽANR

METAFORA
MIŠLJENJE
POEMA
POETIKA
RIMA
RITAM
ROMAN
STIL
TEMA
TRAGEDIJA

54 - Cibo #2

```
L I C Q W L V L G F L D Đ E W
W J L O R E L E C R B T L M F
U J P Q A I S I R Š O K O K P
D A G P V G Ž T K J B Ž K Đ P
U J Q R I B A A X A F F Đ L J
U E Y Z J A D A R A P H N E O
O H B R L C A B R O K U L A G
N V D O G I L J V U W R V J U
Š U N K A N O X P Đ U K Y A R
O C Z V B E K K B A N A N A T
B V L G Q Š O I I J A B U K A
D T V E W P Č H O V Y Y D P G
T R E Š N J A H D C I C Z T P
H P A T L I D Ž A N Y H W X E
O J C G A N G E K X D A Q T G
```

BANANA
BROKULA
TREŠNJA
ČOKOLADA
SIR
GLJIVA
PŠENICA
KIVI
JABUKA
PATLIDŽAN

KRUH
RIBA
KOKOŠ
PARADAJZ
ŠUNKA
RIŽA
CELER
JAJE
GROŽĐE
JOGURT

55 - Nutrizione

```
Z D R A V J D P D C H K Z A Đ
A E Z S N Q X R U I I R D P G
Z D F U I Q W O G K R J R V V
N Đ Q A M M M T Z I U R A F A
P R O B A V A E X J D S V R J
T P Y N T N E I R T U N L E I
K E J O I E I N I Č A Z J Z C
V G Ž V V I Č I O T I T E P A
A G B I E O D N T H X V J D T
L O A T N I S K O T U G I I N
I R L S H A O Y S S B M R J E
T A A E X U S C G O T X O E M
E K N J X L S X S G X I L T R
T R S X Q U B T U Z C G A A E
O H V O A P F Y T H L S K W F
```

GORAK
APETIT
BALANS
KALORIJE
JESTIVO
DIJETA
PROBAVA
FERMENTACIJA
UKUS
TEČNOSTI

NUTRIENT
TEŽINA
PROTEINI
KVALITET
SOS
ZDRAVLJE
ZDRAV
ZAČINI
TOKSIN
VITAMIN

56 - Matematica

```
K G H C F O A G U O R T D Đ A
I V E F U B B U V S M W I J R
N W A O D I K E O I A H A E I
O W T D M M S Q L G R P M D T
A T S Đ R E P Đ U Z G E E N M
G P K H D A T S M K O R T A E
U A S N M F T R E T L I E Č T
O R U O R H S U I D E M R I I
V A J G E O K J Z J L E H N K
A L I I L D H U W E A T L A A
R E D L H O S U M A R A F B F
P L A O Z C V B C I A R Z Y B
B N R P H R R I R H P A L E L
L O R K Y S I M E T R I J A R
D E C I M A L N I V E J O R B
```

UGLOVI
ARITMETIKA
OBIM
DECIMALNI
DIAMETER
JEDNAČINA
GEOMETRIJA
BROJEVI
PARALELNO
PARALELOGRAM

PERIMETAR
POLIGON
KVADRAT
RADIJUS
PRAVOUGAONIK
SIMETRIJA
SUMA
TROUGAO
VOLUME

57 - Meditazione

```
T B E N G Y T I Š I N A N C U
Z W C L V R H A L A J P G U V
B A J N Ž A P H O Q A S G U I
H W H P E R S P E K T I V A D
U S G V F I E B M N A T N Z Q
T Č T Z A M U Z A R O G S Y K
D B E O N L A T N E M R Q U Z
E U R N E J N A T A V H I R P
M D K L J W N O N B B J D G I
O A O K X A I L S I M A I O B
C N P D M E N C J T U S S S J
I V B U D H J A D B Z N A K J
J P R I R O D A S Q I O N N Đ
E D I A J Z B P Đ V K Ć J S F
Đ X J Y Đ Q D N M X A A E N E
```

PRIHVATANJE POKRET
PAŽNJA   MUZIKA
JASNOĆA   PRIRODA
EMOCIJE   MIR
ZAHVALNOST   MISLI
UČENJA   PERSPEKTIVA
UVID   DISANJE
MENTALNO   TIŠINA
RAZUM   BUDAN

58 - Elettricità

```
G R K Q S V P W T E K C O S Ž
E Q O Đ S I T K E J B O Đ K I
N E L N M A C I L A J I S Q C
E J I P V U H Q E G T S L B E
R M Č P U I B Q F Q F V O V H
A Q I E O M T O O M G U V F T
T J N Z L Z H A N N U O V T E
O I A Z B E I Q G H A P K B L
R I Ž J D W K T F E O R A A E
Q Đ E B D W M T I L N E B T V
Q T R E S A L T R V P M L E I
I P M M A G N E T I N A E R Z
S K L A D I Š T E R Č O W I I
L A M P A A W I A J Đ N W J J
E L E K T R I Č A R N G I A A
```

OPREMA
BATERIJA
KABL
SKLADIŠTE
ELEKTRIČAR
ELEKTRIČNI
ŽICE
GENERATOR
LAMPA
SIJALICA

LASER
MAGNET
NEGATIVNO
OBJEKTI
POZITIVNO
SOCKET
KOLIČINA
MREŽA
TELEFON
TELEVIZIJA

59 - Antiquariato

```
A U K C I J A H I G K J D R U
K V A L I T E T U A O S H E M
K D J C V S U O N L V H O S J
M Z C S Y U Y N A E A E A T E
N S Đ M T Đ G S M R N J S A T
K E S A P F F A J I I I A U N
A J O X Đ N J R E J C N U R O
R N I B L G U K Š A E E T A S
U A M H I Y R U T N E C E C T
T T P Y T Č O M A E L E N I N
P S Q V S Đ N I J J S D T J J
L J H X U I T O V I R H I A Y
U L A G A N J E O C A M Č T B
K V R I J E D N O S T R N G G
S E L E G A N T A N S Y O D K
```

UMJETNOST
AUKCIJA
AUTENTIČNO
STANJE
DECENIJE
UKRASNO
ELEGANTAN
GALERIJA
NEOBIČNO
ULAGANJE

NAMJEŠTAJ
KOVANICE
CIJENA
KVALITET
RESTAURACIJA
SKULPTURA
CENTURY
STIL
VRIJEDNOST
STAR

60 - Fotografia

```
R I V K O S Q X N O N P D K W
K A F B W L A G N W K R E Đ I
C I S G Y J Y S I N X E F I D
T P Y V J T Đ L T L J D I B G
P V N C J T E L R A X M N O Z
Y N D U F E I K X W V E I J A
S J E N E R T T S I L T C A O
T A M A M T A A I T A S I V B
C R N A I R Š D M A U A J I J
G E O X I O K D U M S R A Z E
U M S H U P E Đ C R P T A U K
K A X G P D M R T O J N R E T
A K R C J A O I Z F P O A L Z
I Z L O Ž B A E Đ I Q K R N I
P E R S P E K T I V A B J I Q
```

OMEKŠATI   CRNA
TAMA   OBJEKT
BOJA   SJENE
SASTAV   PERSPEKTIVA
KONTRAST   PORTRET
OKVIR   PREDMET
DEFINICIJA   KAMERA
IZLOŽBA   TEKSTURA
FORMAT   VIZUELNI
RASVJETA

61 - Escursionismo

```
Q U H W A I Đ A T I M A S P R
Y U M V M C P D V E F F I L C
F N D O E K X D O C Š Q L A Č
D A D O R I R P D N S K V N I
I J B U P A J C A U X W A I Z
V I O I I E N M Q S P X G N M
L C P A R K O V I C F T D A E
J A M Z P A O P A S N O S T I
I T Q K A M P I R A N J E T Č
G N Ž I V O T I N J E M H L I
O E K L I M A K A M E N J E D
V J B B G F G O E M A P A Z O
N I E A R A M K D P O I O S V
G R O O H I G B C E V M A Q Đ
H O R U M P P V Y O S I A U K
```

VODA
ŽIVOTINJE
KAMPIRANJE
KLIMA
VODIČI
MAPA
PLANINA
PRIRODA
ORIJENTACIJA
PARKOVI

OPASNOSTI
TEŠKA
KAMENJE
PRIPREMA
CLIFF
DIVLJI
SUNCE
UMORAN
ČIZME
SAMIT

62 - Professioni #1

```
M Đ N M Z J Y D Z L P T E U A
I Q I F S Đ U O Y R A K N A B
S E S T R O M K J T D P R J K
H W A H Z X H T P V V S O D A
A T H I D L P O O P O I X N R
S S L O V A C R Đ M K H Q Đ T
Đ I T U R E D N I K A O C A O
N N B R A Č I Z U M T L J M G
Z A B G O L O E G H N O T B R
L J U K I N T E J M U G Q A A
A I T Č U L O T R E N E R S F
T P B G N L Đ M U X D R Đ A V
A N R A N I R E T E V T L D K
R T V N V W K L K Y G I N O X
M O R N A R D A N C E R B R E
```

TRENER
AMBASADOR
UMJETNIK
ASTRONOM
ADVOKAT
DANCER
BANKAR
LOVAC
KARTOGRAF
UREDNIK

GEOLOG
ZLATAR
SESTRO.
MORNAR
DOKTOR
MUZIČAR
PIJANIST
PSIHOLOG
NAUČNIK
VETERINAR

63 - Antartide

```
B G M S X G H W N L S A U O O
A T E B Č A V I Ž A R T S I Č
Y J C O Q B M F M Q U E J Đ U
W Z E S G S F B W W F Č T A V
R C U X I R E Č E L G P N J A
Y Đ W Y C E A I D T X O E I N
R V L G V Đ J F T W Y L N C J
K H O P S O Q P I K R U I A E
R O C K Y S D E L J Đ O T R O
K I T O V I K A A M A T N G B
T E M P E R A T U R A O O I L
M I N E R A L I U E H K K M A
Z T O K R U Ž E N J E F X H C
E K S P E D I C I J A I J L I
I S T R A Ž I V A N J E Y I V
```

VODA
OKRUŽENJE
BAY
KITOVI
OČUVANJE
KONTINENT
ISTRAŽIVANJE
GEOGRAFIJA
GLEČERI
LED

MIGRACIJA
MINERALI
OBLACI
POLUOTOK
ISTRAŽIVAČ
ROCKY
NAUČNI
EKSPEDICIJA
TEMPERATURA

64 - Libri

```
D U A L I T E T A Č I R P L N
A U T O R V M T K Đ N Č X L E
J Q O N Č I G A R T V A L Z X
I Đ S E P P U P I K E T M L D
R C K S D C F P B N N I N O A
E H U M O R A N Z J T Č A N R
S T R A N I C A H I I Đ R A P
P B E G U G H C D Ž V A A P O
A V A N T U R A B E N B T I E
E S E T G W H M E V O J O S Z
Q P H W J I A R T N O V R A I
J T S K E T N O K O N U I N J
P J I K S J I R O T S I H O A
U C D G I W I M E R S I O N U
L I N H C G N Y B F S E R W U
```

AUTOR   NARATOR
AVANTURA   STRANICA
ZBIRKA   POEZIJA
KONTEKST   ROMAN
DUALITET   NAPISANO
EPSKI   SERIJA
IMERSION   PRIČA
INVENTIVNO   HISTORIJSKI
KNJIŽEVNO   TRAGIČNO
ČITAČ   HUMORAN

65 - Geografia

```
Z G O M Q O T O K T F Q K G L
T E R J K Q E B E Q J P B A Q
H R M X Đ A J I R O T I R E T
N O L L N J I J H K C G H R L
N M V T J O V S U Đ J E O I Z
C Y G N Đ A S A L T A D X O A
Z T V Z J G Y N V A K E J I R
S I P M D U Ž I N A N G G L E
J J N N X J H S S P O D R A F
O P E P L A N I N A I P A T S
T P Z V F K A V R M G B D I I
C B V T E Z A P A D E F L T M
Đ E K U U R R Z H T R I G U E
K O N T I N E N T D S G X D H
M E R I D I J A N W Đ U R E B
```

VISINA
ATLAS
GRAD
KONTINENT
HEMISFERA
RIJEKA
ISLAND
LATITUDE
DUŽINA
MAPA

MORE
MERIDIJAN
SVIJET
PLANINA
SJEVER
ZAPAD
ZEMLJA
REGION
JUG
TERITORIJA

66 - Cibo #1

```
K H F Đ V D C C O Q H M L I A
Y W J Z R O M I T F N L I Q W
J J Z E Đ D Z Q M M C I M V G
N R D T Č T U N A E M J U J M
N O W Y C A G Đ D J T E N A J
E G I M K M M Đ O S A K O Z F
C R E P A E T D G Q N O E P S
Y S G I N U V A Q I F P A A A
D A L G K T M Đ J Q P S Z L L
W V A S R A I E Z Z Š B U A A
G O E O M P L X S Č A L O K T
S M S B A S I L E O M U R Š A
O Š E Ć E R S Z X C S K M U Y
K A J N Š E Č F Y C W C O R E
U V W Q Z U V B M K T B E K F
```

ČEŠNJAK   MENTA
BASILE   JEČAM
CIMET   KRUŠKA
MESO   REPA
MRKVA   SO
LUK   ŠPINAT
JAGODA   SOK
SALATA   TUNA
MLIJEKO   KOLAČ
LIMUN   ŠEĆER

67 - Aeroplani

```
P O Đ Đ H Y V V B I W Y Q P Q
M M O M Y Y Z B I D A E J R Y
B D J Q Y O V R Đ S S D I A Đ
X N R G Z I Y G A P I R I V Y
P O S A D A Y L B K H N I A V
T U R B U L E N C I J A A C P
H A R U T N A V A J N D A R G
N R E K V I I R E L E P O R P
J E J N A T E L S H B I O B D
A F B T F B V P R U P L Z X N
Z S Đ O V I R O G G U O W L N
I O G B I M O T O R T T P U R
D M B A L O N C I R N R J Y A
O T N E C S E D Y X I Y S Y S
F A I S T O R I J A K I D O V
```

VISINA
ZRAK
ATMOSFERA
SLETANJE
AVANTURA
GORIVO
NEBO
GRADNJA
DIZAJN
PRAVAC

DESCENT
PROPELERI
POSADA
VODIK
MOTOR
BALON
PUTNIK
PILOT
ISTORIJA
TURBULENCIJA

68 - Governo

```
G D S Q M A M I B M O R G L W
O L T S O K A N D E J I X S Y
V I A I V I L I B T U U Q D S
T H N M N N L R N E W O X S R
S P J B N E Z A V I S N O S T
N U E O X M V D S N A C I J A
A Y D L M O O V P L I V I C K
J D Y S N P Đ A U Q O A H B A
L K G J K S A R N S R B U V Y
V A Z N T I V P G T T M O F A
A J I T A R K O M E D A P D V
Ž Z A K O N B D W B O S V H A
R O V O G P O L I T I K A G R
D X T L M D I S K U S I J A P
H J Q R V W R A L U O Z X R T
```

VOĐA
DRŽAVLJANSTVO
CIVIL
USTAV
DEMOKRATIJA
PRAVA
GOVOR
DISKUSIJA
SUDSKI
PRAVDA

NEZAVISNOST
ZAKON
SLOBODA
SPOMENIK
NACIJA
POLITIKA
SIMBOL
STANJE
JEDNAKOST

69 - Colori

```
B R O W N H X B C J S H P S X
Đ L Đ J B L K A G E M Y U N M
Q Đ C L D E Q L Đ D A J R S P
K E B Đ U C E N M T G V P I L
C V L G D M D F V T E O U V A
L J Q U Q Y L S M R N T R A V
Q W E R T X I R W A T S N I A
F Y F U K S I J A I A A O P O
W Z I U A C Y A N I N Ž Ž E B
D E R U Z A F L N W O D L S M
Z L Z K B S U E Đ R X N I Đ A
F E V O X F V B Z H C A V G M
W N V J R F N V Z P Y R J L O
U O T U Ž C R V E N B A H M V
Đ K R Y H X K H Y L U N N Q Y
```

NARANDŽASTO
AZURE
BEŽ
BELA
PLAVA
CYAN
FUKSIJA
ŽUTO
SIVA

INDIGO
MAGENTA
BROWN
CRNA
ROZE
CRVEN
SEPIA
ZELENO
PURPURNO

70 - Bellezza

```
E U F Y C Đ B H V A Đ Y E J Š
C A Ž O K Q Y J N A S S L E A
O A K I T E M Z O K I D E W M
M S B I D O V Z I O R P G V P
Š M I N K A G I Z Đ I I A M O
M A S K A R A E Q D M L N A N
Y E A U J H K C N G Q P C K O
G R Y Y O T S I L I T S I A G
C R G S B W A P H I Č D J Z L
W N A T N A G E L E L N A E E
Z M R C G U I G Š A R M O H D
Y D O I E J J U L J O N F U A
H K O V R Č E L Ž L Z X J D L
P L O K I G X S J U I G E V O
E U V Q Y B Z U V G R F V W S
```

BOJA
KOZMETIKA
ELEGANTAN
ELEGANCIJA
ŠARM
MAKAZE
FOTOGENIČNO
MIRIS
GRACE
MASKARA

ULJA
KOŽA
PROIZVODI
KOVRČE
RUŽ
USLUGE
ŠAMPON
OGLEDALO
STILIST
ŠMINKA

71 - Avventura

```
R U V O N Č I B O E N W U C R
S S P Z N Y Y T Z U T I B A Q
H U Z Z B G B T I G M E O R N
P R I P R E M A S N A Š Š I W
K K A I J L I J L P E W N K E
C U T P B M S O T V D R V F O
T S O R B A R H I V O Z A Z I
O K P I J L E T A J I R P R I
O M E L U Q I P R I R O D A Z
I A J I C A G I V A N T Q H L
K E L K A K T I V N O S T B E
M A Z A J I Z U T N E O A V T
S I G U R N O S T E Y D V M I
I U P I H J K A O N S A P O X
I T O D R E D I Š T E R X T N
```

PRIJATELJI   NEOBIČNO
AKTIVNOST   ITINERAR
LJEPOTA   PRIRODA
ŠANSA   NAVIGACIJA
HRABROST   NOVO
ODREDIŠTE   PRILIKA
TEŠKO   OPASNO
ENTUZIJAZAM   PRIPREMA
IZLET   IZAZOVI
RADOST   SIGURNOST

72 - Forme

```
Q Q Z J G O B K K E W P J M M
M Đ E Z X V C R A C L U T H Q
I K L Q Đ A J I N I L I Z D W
L M C H Q L H V M T I Đ P Z C
U A K S S N C I L S V E P S U
K O C K A I K N Q Y E Đ G U A
S A P B T L Z A Đ Q L C O N E
T G I K I N O A G U O V A R P
R U R K L X D B U V Y F G D P
A G A V X M T Q R S D T U Q O
N J M A F T Q I K E D Q O P L
A Đ I D Y V Z S X C P D R R I
V I D R A D N I L I C I T I G
T D E A D Y W I M V H G H S O
K T U T H E U Đ L I B U W M N
```

UGAO
ARC
IVICE
KRUG
CILINDAR
CONE
KOCKA
KRIVINA
ELIPSA
HIPERBOLA

STRANA
LINIJA
OVALNI
PIRAMIDE
POLIGON
PRISM
KVADRAT
PRAVOUGAONIK
TROUGAO

73 - Oceano

```
K T A O B M O Q P M A K Š M K
E I A D E L F I N L X P X E F
G I B L T B X M E A I V E D Q
B T I F A N U T B R B M D U V
E X R E T S Y O E O S Q E Z M
Z J E X Đ T I K R K W I H A L
Y C Đ R Đ X X O G W N S M N X
F Y N I A Y U R Q X G U S Đ A
N Q U K J K J N S U O S J N C
A S S U U K U J V Y P J Y S Q
J M E P L L M A X Y L T S Q C
K D Q Đ O R X Č G K X L E K W
U N G M C H S A J E G U L J A
L H O B O T N I C A W K D N U
A G T D P M R Đ T L M Y M F S
```

JEGULJA   OYSTER
KIT   RIBA
BOAT   HOBOTNICA
KORAL   SO
DELFIN   GREBEN
ŠKAMP   SUNĐER
RAK   AJKULA
PLIME   KORNJAČA
MEDUZA   OLUJA
TALASI   TUNA

74 - Famiglia

```
S U P R U G A G Đ K R B P C S
T S Q P G P V C A W O L A Q I
V Q Y B U X V J E V Đ I T P O
S E S T R A C E J D A Z E I R
D T L D P O Z Q V L K A R F S
D A W Đ U K A Ć E N A N N U R
I R G D S L Ć R I U J C A N R
J B M C J P I E Y E U I L O E
E G K A D E R P R G Đ Y V T B
T D J E D G T G W K J L M A A
E T Z A K S N I Č J A M A C K
W E C B Z D K U N M H C J X A
C T O B X Q R D P J T G K L F
X K T R Q H K H C T E W A G C
R A W W T M Z B F U U C F S N
```

PREDAK   MAJČINSKA
DJECA   SUPRUGA
DIJETE   NEĆAK
ROĐAK   BAKA
KĆERKA   DJED
BRATE   OTAC
BLIZANCI   PATERNAL
DJETINJE   SESTRA
MAJKA   TETKA
SUPRUG   UJAK

75 - Creatività

```
U I I W A J I C I U T N I D U
J M N A L Đ N R P T S E N R H
T P J V Z H B N P I P H T A V
S O S E E J E D I S O Y E M E
O K W J T N V R Đ A N I N A S
N N C I P N T Y I K T N Z T E
D T V C Y B I I J P A V I I N
I O S O L C F Č V Y N J T C Z
U Z U M X O J Z K N O E E N A
L Z R E J I Z I V I O Š T O C
F I Y A K I L S Q N R T V R I
Z M S V Z F R Z R L E I K Z J
V D Đ A G Đ M A Š T A N O V A
I N S P I R A C I J A A S D Q
Y H S A U T E N T I Č N O S T
```

VJEŠTINA
UMJETNIČKI
AUTENTIČNOST
DRAMATICNO
EMOCIJE
IZRAZ
FLUIDNOST
IDEJE
MAŠTA

SLIKA
UTISAK
INTENZITET
INTUICIJA
INVENTIVNO
INSPIRACIJA
SENZACIJA
SPONTANO
VIZIJE

76 - Veicoli

```
P T R A J E K T H T A O B V T
Q O O I F L A V N A T E K A R
O P D M O T O R M K V S E L J
A O B Z O V R T R S M N C P R
U D N O E X G Đ R I D T U S D
T M N O I M A K R A A V I O N
O O A I R S N U E T K B F W Q
Q R V M Q Z T A T A D T C I F
Đ N A Q G E I S P O M X O D C
Q I R V T U H M O T B L L R V
C C A A P W Đ L K R G U M Đ W
Đ A K V L V Z O I C U T S A S
B I C I K L Y K L M M R C F U
Đ P Q Đ X Z L Q E T E M T K K
K X J I C G E Q H S K U T E R
```

AVION
HITNA
AUTO
AUTOBUS
BOAT
BICIKL
KAMION
KARAVAN
HELIKOPTER
PODZEMNA

MOTOR
GUME
RAKETA
SKUTER
PODMORNICA
TAKSI
TRAJEKT
TRAKTOR
VOZ
SPLAV

77 - Natura

```
V Q X U B S F V F R P I J D T
A A V L Š Ć E N E R E S I R
M R D D E B U L I T I C E N O
U A K E J I R E J P X W D A P
Š J B T N D H M L A O K X M S
G R I Š I N Q E V M Q Y B I K
T G J I T K M H I P A A B Č I
S Z U N O S A T D M Č G E K L
V N V O V A J I Z O R E L I E
E O O L I T N C Q B Đ Y L A D
T F V K Ž O I A M N C U K E E
I L H S I P T L F G H W O M N
Š T W F N E S B C P X X G V J
T V X X H J U O E R Q D J J A
E N I N A L P I T Q R Z Q Đ K
```

ŽIVOTINJE   LEDENJAK
PČELE   PLANINE
ARKTIK   MAGLA
LJEPOTA   OBLACI
PUSTINJA   SKLONIŠTE
DINAMIČKI   SVETIŠTE
EROZIJA   LITICE
RIJEKA   DIVLJI
LIŠĆE   SERENE
ŠUMA   TROPSKI

78 - Balletto

```
R I N D A B I K F U U L K L I
O R K E S T A R K E C M O E N
L O N J A Ž A R Z I L T R U T
O T G X S M I Š I Ć I S E P E
S I G P L G N I O C T I O E N
T Z Y D G D K D A O S E G H Z
E O U M J E T N I Č K I R G I
H P V A B A L E R I N A A R T
N M H T L P P G U Y Z K F A E
I O Z I N P L R L G J I I C T
K K Y R G X A E O P R Z J I N
A B E Z E L R D S B R U A O G
B K D D S A Đ G D A A M C Z Z
N A N I T Š E J V Y Č H Đ A D
F G K S Z A A C O P W I I N B
```

VJEŠTINA
APLAUZ
UMJETNIČKI
SOLO
BALERINA
PLESAČI
KOMPOZITOR
KOREOGRAFIJA
IZRAŽAJNO
GEST

GRACIOZAN
INTENZITET
MIŠIĆI
MUZIKA
ORKESTAR
PROBA
RITAM
STIL
TEHNIKA

79 - Paesi #1

```
I  S  Š  P  A  N  I  J  A  C  F  I  F  I  W
O  Z  E  S  I  R  L  G  K  A  R  I  I  N  Y
Đ  B  R  N  O  K  O  R  A  M  M  N  N  D  B
G  H  B  A  E  X  C  J  M  A  Y  Q  S  I  U
N  H  I  R  E  G  T  P  B  N  X  M  K  J  U
C  F  C  M  W  L  A  K  O  A  B  K  A  A  K
U  T  Y  A  A  I  P  L  D  P  K  F  J  K  A
P  U  M  N  U  Z  I  Q  Ž  N  T  T  I  Š  N
I  O  W  T  F  A  G  P  A  J  C  V  N  E  A
N  K  L  E  Z  R  E  Q  A  E  N  U  U  V  D
B  O  A  J  I  B  I  L  C  M  G  R  M  R  A
H  L  V  I  S  Z  M  F  B  A  Y  Đ  U  O  X
B  E  Z  V  R  K  O  W  N  Č  W  I  R  N  M
Q  F  W  L  B  U  A  T  F  K  M  A  L  I  R
V  E  N  E  C  U  E  L  A  A  Z  E  W  F  O
```

BRAZIL	MALI
KAMBODŽA	MAROKO
KANADA	NORVEŠKA
EGIPAT	PANAMA
FINSKA	POLJSKA
NJEMAČKA	RUMUNIJA
INDIJA	SENEGAL
IRAK	ŠPANIJA
IZRAEL	VENECUELA
LIBIJA	VIJETNAM

80 - Geometria

```
Y J C A V Q L F G Đ U N J F U
K R I V I N A S U L S X B F J
L E N J L A J I R T E M I S N
V I S I N A C O K G G I F D H
P O V R Š I N A R F M Z U I M
J N T Y G A Z Q S B E R J M E
P R O P O R C I J A N A T E D
P A R A L E L N O K T Č E N I
J E D N A Č I N A I M U O Z J
U G A O K Y U E C G F N R I A
T R O U G A O X P O N Đ I J N
H O R I Z O N T A L N O J A J
U J O P E Q V R E T E M A I D
V E R T I K A L N O Đ A V Q B
Q Z L R Đ Đ K F V I V V B Đ D
```

VISINA	BROJ
UGAO	HORIZONTALNO
IZRAČUN	PARALELNO
KRUG	PROPORCIJA
KRIVINA	SEGMENT
DIAMETER	SIMETRIJA
DIMENZIJA	POVRŠINA
JEDNAČINA	TEORIJA
LOGIKA	TROUGAO
MEDIJAN	VERTIKALNO

81 - Foresta Pluviale

```
A Z V Q W M Q N D W O I Z O B
U A O B W Đ J P Ž C P O F U O
T J D Y J R F E U J S S O M T
O E O O T B I A N B T U P C A
H D Z E F L T J G Y A K Đ I N
T N E T S O K I L O N Z A R I
O I M Š T N E C A R A G J P Č
N C C I T D S A P M K B S R K
I A I Č Đ E N R V T I P E I I
J U T O Y J I U M B I L M R M
R Y D T T I C A L B O C K O S
L Y Y U V R S T A H V R E D B
S Đ T B O V O S A M T N L A T
S I S A R I D E J N A V U Č O
T V A S Đ R X R L H L S R M P
```

VODOZEMCI

BOTANIČKI

KLIMA

ZAJEDNICA

RAZNOLIKOST

DŽUNGLA

AUTOHTONI

INSEKTI

SISARI

MOSS

PRIRODA

OBLACI

OČUVANJE

VRIJEDNO

RESTAURACIJA

UTOČIŠTE

OPSTANAK

VRSTA

PTICE

82 - Edifici

```
M L A B O R A T O R I J A J G
G U U N I V E R Z I T E T D H
V F Z L T G Đ R T I I D U C Đ
N F T E Š I R O Z O P U Y P
W W W T J X X D B T N E Z G T
Đ K Đ O S U P E R M A R K E T
N H F H I B V W H I L Š T D H
S T A D I O N R A B O J O A O
K P U C A R O V D I K J R S S
A H Q K I B O C Y Đ Š N A A T
B D P K D N A T S U G L N B E
I U H H Q A L X J L S V J M L
N A T F L G P O K S O I B A K
A F A B R I K A B J H D Z L Z
O P S E R V A T O R I J U S A
```

AMBASADE
STAN
KABINA
DVORAC
BIOSKOP
FABRIKA
BARN
HOTEL
LABORATORIJA
MUZEJ

BOLNICA
OPSERVATORIJ
HOSTEL
ŠKOLA
STADION
SUPERMARKET
POZORIŠTE
ŠATOR
TORANJ
UNIVERZITET

83 - Malattia

```
Z  I  T  S  O  K  T  A  D  J  Y  R  S  R  P
A  M  P  E  E  P  M  O  R  D  N  I  S  E  Đ
R  U  M  S  L  Y  F  S  Y  W  E  K  S  S  U
A  N  N  S  N  O  S  R  C  E  U  S  W  P  P
Z  I  N  E  U  R  O  P  A  T  I  J  A  I  A
N  T  O  N  D  E  J  L  S  A  N  I  G  R  L
O  E  J  L  V  A  R  D  Z  A  K  R  E  A  A
P  T  O  L  W  F  A  S  A  Đ  T  E  N  T  A
I  A  L  E  O  B  B  Đ  J  M  L  T  E  O  L
Q  Đ  T  W  F  L  M  M  I  M  L  K  T  R  E
Y  Z  H  O  H  S  U  N  I  S  C  A  S  N  R
E  Đ  P  Y  G  R  L  C  V  E  S  B  K  I  G
F  T  J  J  C  E  V  P  J  F  Q  L  I  R  I
I  H  N  S  Q  M  N  D  Đ  X  S  W  A  H  J
S  V  M  F  U  A  J  I  P  A  R  E  T  B  E
```

ALERGIJE	UPALA
BAKTERIJSKI	LUMBAR
WELLNESS	NEUROPATIJA
ZARAZNO	KOSTI
TELO	PATOGENI
SRCE	RESPIRATORNI
SLAB	ZDRAVLJE
NASLJEDNO	SINUS
GENETSKI	SINDROM
IMUNITET	TERAPIJA

84 - Paesi #2

```
J  L  Z  C  Q  Y  V  Đ  Q  Z  A  P  J  G  N
A  Đ  N  X  S  P  D  N  Y  E  L  A  A  R  I
P  L  H  O  K  I  S  K  E  M  B  K  P  Č  G
C  M  I  Q  G  V  R  Q  S  Y  A  I  A  K  E
S  I  D  B  I  I  A  I  F  J  N  S  N  A  R
E  P  I  G  E  R  F  D  J  N  I  T  B  D  I
X  L  S  W  W  R  Z  W  R  A  J  A  P  N  J
D  A  N  S  K  A  I  Y  R  D  A  N  F  A  A
U  P  H  A  I  T  I  J  O  U  K  Z  V  G  C
Y  E  Y  A  F  R  S  C  A  S  S  K  Đ  U  U
I  N  D  O  N  E  Z  I  J  A  R  I  S  D  L
E  T  I  O  P  I  J  A  Z  P  I  D  J  P  A
J  A  M  A  J  K  A  T  B  J  U  Đ  V  A  O
E  R  E  H  R  O  J  R  E  X  S  L  O  H  S
R  Q  P  S  U  K  R  A  J  I  N  A  I  N  Đ
```

ALBANIJA	LIBERIJA
DANSKA	MEKSIKO
ETIOPIJA	NEPAL
JAMAJKA	NIGERIJA
JAPAN	PAKISTAN
GRČKA	RUSIJA
HAITI	SIRIJA
INDONEZIJA	SUDAN
IRSKA	UKRAJINA
LAOS	UGANDA

85 - Tipi di Capelli

```
Z F M T W V S T Y M E K O A G
A D D M V A X U B Đ K P H Q X
C F R L K Z L Q A S O J U H I
U U B A K R A T K O V I S Q V
R F M P V V G N C B R C R N A
L A K K R J F L Z A Č K D B L
Y U N K A N A T B C E F D R E
I W W H L V A V A L P S D A Ć
O B O J E N O B I F B Y U I X
Q E R S B B V R H S Y X G D A
E Z B B B G Đ S I B W Z O E J
Y U G E C I N E T E L P K D H
E U M J D R E L E D S Đ Y F Q
H U H N N L O I O Q E T D R L
T U Q T G S N G G T K K T Y G
```

SUHO

BELA

PLAVA

KRATKO

ĆELAV

OBOJENO

SIVA

BRAIDED

DUGO

BROWN

MEKO

CRNA

CURLY

KOVRČE

ZDRAV

TANAK

DEBEO

PLETENICE

86 - Vestiti

```
D V K Q K M S P I D Ž A M A Z
T Ž M B A H O U Q S U U F S O
K V E M I V N D K K A P U T U
O N C M Š Đ Š U A N I J L A H
E J I Đ P H A U P S J B I P O
S C V Š M E L F C S D A E A E
V Q A E H N R U O G R L I C A
G D K Š L K E C E L J A I I Z
I A U I A U X W L K W U Y V U
F Q R R Č P Đ P A K L Đ A K L
H P A Z E J P Z D H E Z E U B
C I P E L A O O N I Đ N V R B
K O Š U L J A Z A J R O Q A U
C I S J A K N A S P L T T N E
S U W P F A R M E R K E I G B
```

HALJINA
NARUKVICA
BLUZA
KOŠULJA
ŠEŠIR
KAPUT
KAIŠ
OGRLICA
JAKNA
SUKNJA

KECELJA
RUKAVICE
FARMERKE
DŽEMPER
MODA
HLAČE
PIDŽAMA
SANDALE
CIPELA
ŠAL

87 - Attività e Tempo Libero

```
P K X N W K S L I K A U Z H S
U A X V R U C O B A K L E O F
T M C K S P T S O N T E J M U
O P Q Q B O W F K O A J N G F
V I N Q T V J W S S M N E V C
A R N T V I J I B O H A J R G
N A F G L N H H K X Q V N T K
J N T H O A O N S R P I O L X
E J E U B K B Q X O D L R A F
O E N Q Z R J D F C N P C R N
E E I F J A Đ U U S R C K S U
M A S L E Š X X H F L O G T W
K E M U B O R I B O L O V V C
S Y E X A K J O B D O J G O P
T O S U R F A N J E D N W S C
```

UMJETNOST
BEJZBOL
KOŠARKA
BOKS
FUDBAL
KAMPIRANJE
VRTLARSTVO
GOLF
HOBIJI

RONJENJE
PLIVANJE
ODBOJKA
RIBOLOV
SLIKA
KUPOVINA
SURFANJE
TENIS
PUTOVANJE

88 - Tecnologia

```
K A M E R A M E T B R V J K S
I S C H C E K R A N A Đ P N T
N S I P O R U K A Y Č J Z N A
D U T G O L B V B W U R Y H T
E R T R U U R O A H N F H U I
L I D E A R X I I C A D O P S
G V F V F Ž N T B I R I B O T
E Z D T C F I O Q E B L A N I
R C F F Q K L V S C F J J L K
P D A O Đ H N K A T A T T A A
K U R S O R A S U N O D O U F
F O N T D W T G J F J Đ V T V
D I G I T A L N O X R E A R F
X U N T D F T E N R E T N I I
Đ O F X U V C X T E G H J V M
```

BLOG
PREGLEDNIK
BAJTOVA
RAČUNAR
KURSOR
PODACI
DIGITALNO
FAJL
FONT
INTERNET

PORUKA
ISTRAŽIVANJE
EKRAN
SIGURNOST
SOFTVER
STATISTIKA
KAMERA
VIRTUALNO
VIRUS

89 - Meteo

```
A A M A T M O S F E R A V T Z
L G Y O S U H O Y D A L X H S
T H M I N R A T D F L G W U V
K L H A I S Š C U S O A K N H
Z G O H W Q U U G K P M A D J
N W Đ F T M S N A S Q L O E T
T E S L F U Y X Đ Z O I B R R
O H B V J E T A R M W I L N M
R L A O P X P Z P O N Ž A L V
N K E S Q S P E J H I O Č U O
A N H D O C Q K P C Đ Z N R L
D R Đ K L I M A J N U M O A U
O G F Z T B Y L A O U G D G J
C N U P Y F L B A W R S Z A A
I K Y R P F L O K Y T E J N G
```

DUGA
SUHO
ATMOSFERA
NEBO
KLIMA
MUNJA
LED
MONSUN
MAGLA
OBLAK

OBLAČNO
POLAR
SUŠA
OLUJA
TORNADO
THUNDER
VLAŽNO
URAGAN
VJETAR

90 - Corpo Umano

```
A  Đ  G  L  N  Y  Z  Y  E  W  O  T  B  F  T
T  H  L  J  P  O  C  F  W  R  P  T  M  M  R
Y  I  E  M  A  R  S  I  L  L  W  L  Q  M  B
N  R  Ž  Q  V  K  K  N  Đ  V  J  O  D  O  U
A  Q  A  T  A  C  R  G  Y  R  U  K  A  Z  H
Y  C  N  Đ  L  C  G  E  L  K  F  K  Ž  A  H
T  F  J  B  G  U  H  R  X  M  G  M  O  K  O
K  O  L  J  E  N  O  S  Đ  N  D  K  K  F  Z
L  Đ  B  T  R  R  Q  L  X  A  O  H  U  K  Đ
I  J  Z  M  N  X  R  P  U  C  E  C  F  P  H
C  Z  E  U  I  H  N  S  D  H  L  A  K  A  T
E  C  R  S  N  Q  B  F  R  T  O  V  T  U  U
Z  N  F  B  O  J  Y  R  Đ  Z  T  M  A  S  V
C  H  I  N  G  I  T  M  F  K  N  A  R  E  U
R  I  Q  J  A  C  N  J  X  G  W  W  V  N  D
```

USTA	RUKA
GLEŽANJ	CHIN
MOZAK	NOS
VRAT	OKO
SRCE	UHO
FINGER	KOŽA
LICE	KRV
NOGA	RAME
KOLJENO	TRBUH
LAKAT	GLAVA

91 - Mammiferi

```
G O V M A Č K A N F B E A R Ž
B O U X Z C M Y G V T J R K I
P I K C D Y I W I Q K P Đ X R
V F H Q Z C V S G K O X J K A
B L S N X O Z B I O N C E Z F
P E L Y W J Đ P H L J I L O A
P U S C W B Y T P X W P E T S
L O J F Y Đ E H F G F I N Y V
T Đ L K E N G U R S W W Đ D D
X O Z A C I U P R L P R N G Z
M P A S V F L M T O J O K O E
I E B S O L V E J N B I K R B
F Đ O H B E Q F I A F K D I R
D A E T Q D E R B G M I A L A
Đ M Z L T B P K L F S T Y A Đ
```

KIT
PAS
KENGUR
KONJ
JELEN
ZEC
KOJOT
DELFIN
SLON
MAČKA

ŽIRAFA
GORILA
LAV
VUK
BEAR
OVCE
MAJMUN
BIK
LISICA
ZEBRA

92 - Cucina

```
T L G K S U K E G T C H S I M
R O Š T I L J T R Q A U O Z N
A R V R P N M C B S Q N F X V
J V B F E H J F Y K D V N I P
J V W L A Č A V I Z R M A Z
G B S E J Đ E Y Č I E Đ P S S
Y M I G L K F P P X I L D N A
L A D L E M R C T E N H K N L
K A Y G C D I D P G K J Z S V
S U N Đ E R Ž P E C N I C A E
B O W L K S I F O R K S Š N T
J O J U G W D M G V J K O A A
G K A Z A M E W J O Z O L R K
I W X R Đ Z R F V B H Q J H U
Y Z A Č I N I V E Ž O N E U Y
```

ČAJNIK
JUG
HRANA
BOWL
NOŽEVI
ZAMRZIVAČ
KAŠIKE
FORKS
PECNICA
FRIŽIDER

KECELJA
ROŠTILJ
LADLE
RECEPT
ZAČINI
SUNĐER
ŠOLJE
SALVETA
JAR

93 - Giardinaggio

```
K B S V R V C Q B E Z D Y J K
O L J V O V E J I R C F O E O
N O E S J Ć O J U N X Z L S M
T S M H F J N D U G O H N T P
E S E W E O N J A M I L K I O
J O Đ P B W D Z A G A L V V S
N M L F I B I N C K J K P O T
E H X O N Č I T O Z G E I Đ T
R J J Z T K F B U K E T H V P
P D L S E B O T A N I Č K I Đ
J X I E J M P Đ Y L I S T B Đ
F R Š W V X L S E Z O N S K I
G Z Ć G C O B J Đ Q S F L I H
E M E Y T B O T A L B V V X M
V R S T A O H Y X D J Y P N N
```

VODA
BOTANIČKI
KLIMA
JESTIVO
KOMPOST
KONTEJNER
EGZOTIČNO
BLOSSOM
CVJETNI
LIST

LIŠĆE
VOĆNJAK
BUKET
SJEME
VRSTA
BLATO
SEZONSKI
ZEMLJA
CRIJEVO
VLAGA

94 - Universo

```
I N W A R E F S I M E H H N A
P R O Y S O R B I T A S O E S
V K Đ V N T Z F O O W O R B T
I E K D I O R E T S A L I O R
J Y Z C A I D O Z R Đ S Z S O
L F X X J D J Y N B C T O O N
D A I B T D H J Đ O I I N L O
I J T Y C E S E J M M C T A M
V I L I N M L P Đ I S I K R I
Z S T K T Đ B E B F O J F N J
E K L S D U T N S L C Đ J O A
Q A L E E V D M A K G C X C M
Q L X B Y B V E Z C O T A M A
G A J E D U Ž I N A W P Z I W
V G Đ N A T M O S F E R A F A
```

ASTEROID   LATITUDE
ASTRONOMIJA   DUŽINA
ASTRONOM   MJESEC
ATMOSFERA   ORBITA
TAMA   HORIZONT
NEBESKI   SOLARNO
NEBO   SOLSTICIJ
COSMIC   TELESKOP
HEMISFERA   VIDLJIV
GALAKSIJA   ZODIAC

95 - Jazz

```
U M J E T N I K H N J S L S B
K M U Z I K A A M S E J P A C
V O Đ L Q V K S A A I B B S U
H V N C N F I A J H P K T T H
G O E C W X N L I T S L T A Đ
M N V Y E Q H G C F A K A V G
O I U R P R E A A A L O J U Y
Z R Č M O A T N Z V B M U P Z
B N K W U D V Q I O U P Z J D
P A C E A B D I V R M O F F F
S Ž U D S S B F O I A Z B Q N
T O N Y S T Đ J R T I I F L Đ
A X F X B E A G P I L T V B B
R U O H V C U R M L P O C Y C
R I T A M T V C I S O R W K Đ
```

ALBUM
APLAUZ
UMJETNIK
PJESMA
KOMPOZITOR
SASTAV
KONCERT
NAGLASAK
ČUVEN
ŽANR

IMPROVIZACIJA
MUZIKA
NOVO
ORKESTAR
FAVORITI
RITAM
STIL
DAR
TEHNIKA
STAR

96 - Vacanze #2

```
N L D C E B W F Z T E F Q U R
E J N A R I P M A K J T I Z E
P L A Ž A V I S A Q N Q M Y S
J Đ L P X L D F Y X A B O X T
N I S K A T U X H V V I L Z O
Y C I W I M X E U D O C C C R
A V Z F U U S Q T H T D Đ T A
S V Z P F M L E I S U R E M N
H T R A N S P O R T P O K O X
P O J E J K G Š Z H Q T I R T
K Q T K M O R D O R E A L E V
C N C E D X M I V S Đ Š S V E
D V Đ H L Y C Q P L A N I N E
S T R A N I M A E W J P B F K
O D R E D I Š T E U K Y S Đ A
```

AERODROM

KAMPIRANJE

ODREDIŠTE

SLIKE

HOTEL

ISLAND

MAPA

MORE

PLANINE

PASOŠ

RESTORAN

PLAŽA

STRANI

TAKSI

LEISURE

ŠATOR

TRANSPORT

VOZ

PUTOVANJE

VISA

97 - Attività

```
U R B J F O T O G R A F I J A
M P L E T E N J E J N A T I Č
J N C V C B X Z Đ N X K D A V
E R G I J Đ C U A R A I L K R
T J V Q V E O Đ N N J L S T T
N I N C H O Š R Y M A S T I L
O X R A Q B S T H F J T Q V A
S Q G U T Z S S I P I E I N R
T X X R Q Š G I U N G O H O S
L U C N F W U T R W A W S S T
Š I V A N J E P J E M S R T V
L E I S U R E V O L O B I R O
K A M P I R A N J E M V S M B
L O V Đ Q K E R A M I K A W J
Z A D O V O L J S T V O S M J
```

VJEŠTINA
UMJETNOST
ZANATI
AKTIVNOST
LOV
KAMPIRANJE
KERAMIKA
ŠIVANJE
FOTOGRAFIJA
VRTLARSTVO

IGRE
ČITANJE
MAGIJA
PLETENJE
RIBOLOV
ZADOVOLJSTVO
SLIKA
OPUŠTANJE
LEISURE

98 - Diplomazia

```
U R F D D A H P T C P Y K O G
G T E M I Z M B O K U S O T R
O M S W A P K B J L E U X C A
V E U R V M L R A Q I E K H Đ
O Q Z C N S F O Đ S S T I J A
R V F P F T F D M Đ A M I J N
A C I N D E J A Z A S D X K I
R A J I S U K S I D T O E T A
J C M A J N D A R A S S M D E
E P R A V D A B E L Đ Đ K T T
Š A O H O B Z M T V L M V I I
E V P N C I T A Q S E R F K K
N C G R A Đ A N S K I W H J A
J A Đ Q S I G U R N O S T Q J
E S A V J E T N I K P N P V J
```

AMBASADE
AMBASADOR
GRAĐANI
GRAĐANSKI
ZAJEDNICA
SUKOB
SAVJETNIK
SARADNJA
DIPLOMATSKI

DISKUSIJA
ETIKA
PRAVDA
VLADA
POLITIKA
SIGURNOST
RJEŠENJE
UGOVOR

99 - Forniture Artistiche

```
M B I R J W Z J D U T P H F O
E R N S O H D F N A I A L D N
A Y L E K T E Č S C N S Z R M
E G W E R O Z O T B Q T R N X
S X A V E J O B O I T E Y G P
T O Đ T A M R W L B I L M B V
Y I Đ B T J H L I N R S J U K
V O D A I H P C C U R I P A P
Đ L T Y V P F T A U L C S X P
R I O X N E A S E L R J Đ A T
J P G T O L I T S A M J E U Č
W E L A S I T I A J H R J B U
V J I F T R K E B M R M E X H
U L N E E K V O L O L K D N L
N Z A R G A K A M E R A I I A
```

VODA   IDEJE
AKRIL   MASTILO
GLINA   OLOVKE
PAPIR   ULJE
EASEL   PASTELS
LJEPILO   STOLICA
BOJE   ČETKE
KREATIVNOST   STOL
BRISAČ   KAMERA

100 - Misurazioni

```
S T U J P M H A K F T J C A E
T N J R R A C N U V I S I N A
E F S A T S N O X D X D Y E V
P N N T O S I I G N H L L I Đ
E Q K E L F N J Ž A N I B U D
N M H M I R L G K E Z T A R N
D U Ž I N A A P S Y T A J F X
X U V T Đ T M A R G B R T Y Y
W E Y N W E I I M E T E R G O
X T Z E J M C T N U D R Š W U
Q C T C W O E O Q U C A I Y X
D Z W G E L D N H K T E R F W
B W Y M A I W A L M F A I X G
I M I S U K V O L U M E N P C
K I L O G R A M H Đ K W A G Đ
```

VISINA   DUŽINA
BAJT   MASS
CENTIMETAR   METER
KILOGRAM   MINUTA
KILOMETAR   UNCA
DECIMALNI   TEŽINA
STEPEN   INCH
GRAM   DUBINA
ŠIRINA   TONA
LITAR   VOLUME

1 - Salute e Benessere #2

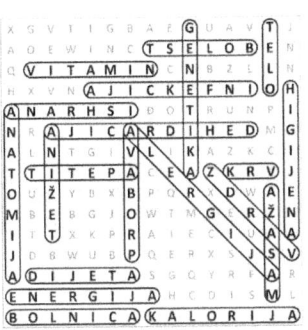

2 - Aggettivi #2

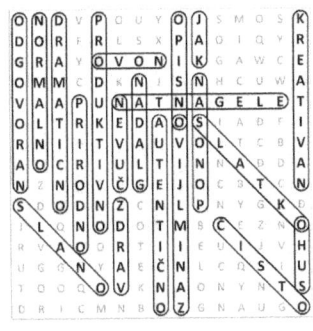

3 - Ingegneria

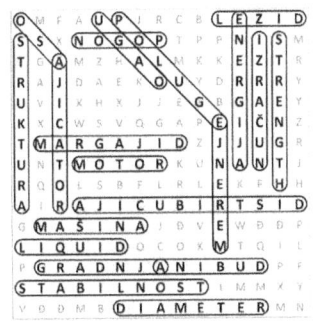

4 - Archeologia

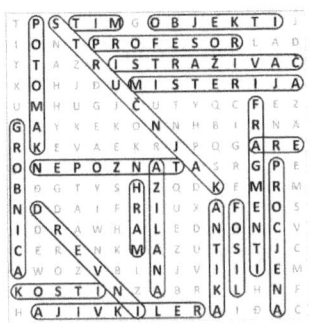

5 - Salute e Benessere #1

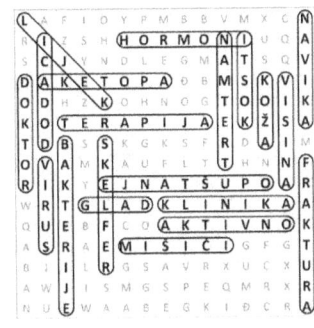

6 - Aggettivi #1

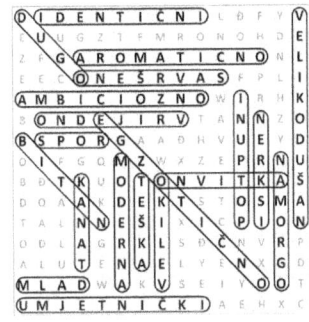

7 - Geologia

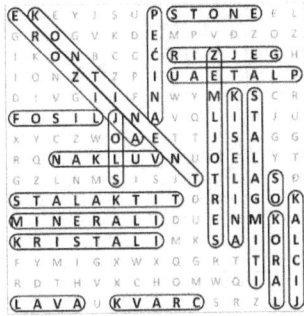

8 - Campeggio

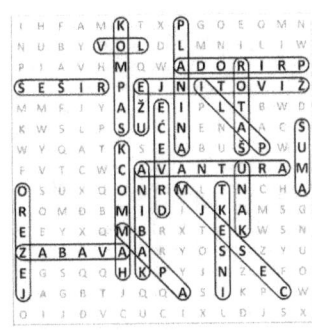

9 - Tempo

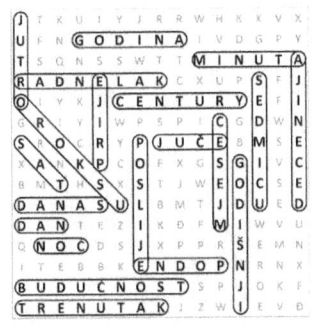

10 - Astronomia

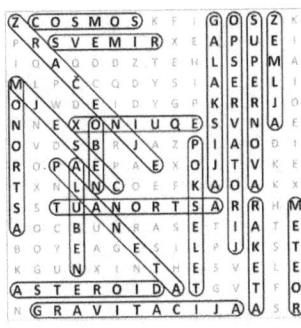

11 - Algebra

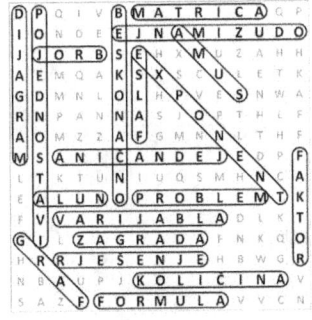

12 - Mitologia

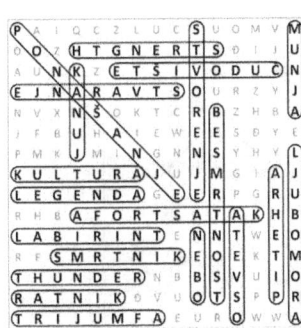

13 - Piante

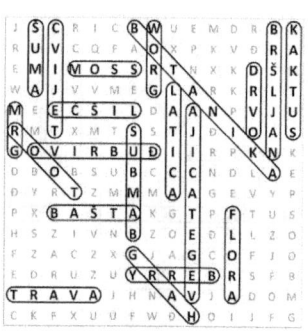

14 - Spezie

15 - Numeri

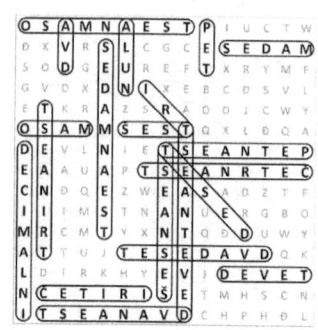

16 - Cioccolato

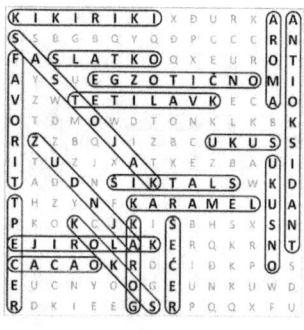

17 - Guida

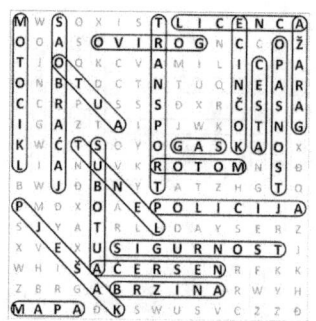

18 - I Media

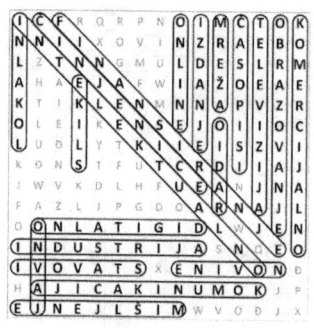

19 - Forza e Gravità

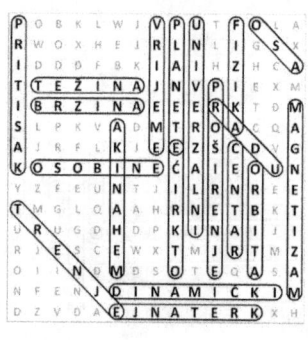

20 - Uccelli

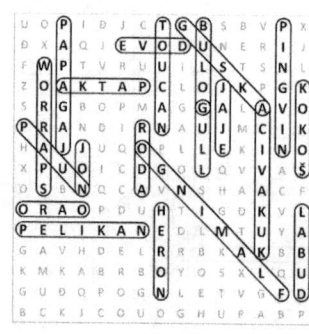

21 - Giorni e Mesi

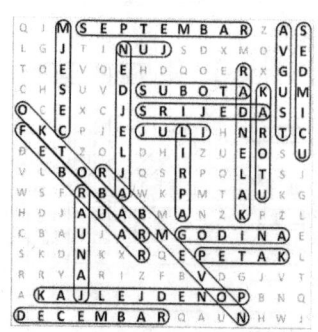

22 - Casa

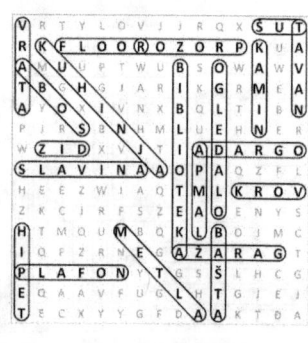

23 - Fantascienza

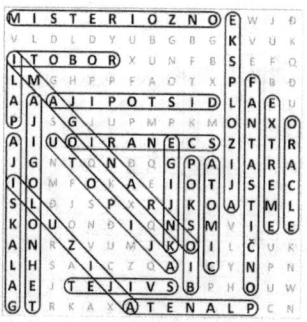

24 - Città

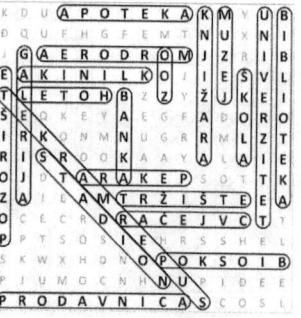

25 - Fattoria #1

26 - Psicologia

27 - Paesaggi

28 - Energia

29 - L'Azienda

30 - Giardino

31 - Riscaldamento Gl

32 - Frutta

33 - Fattoria #2

34 - Verdure

35 - Musica

36 - Barbecue

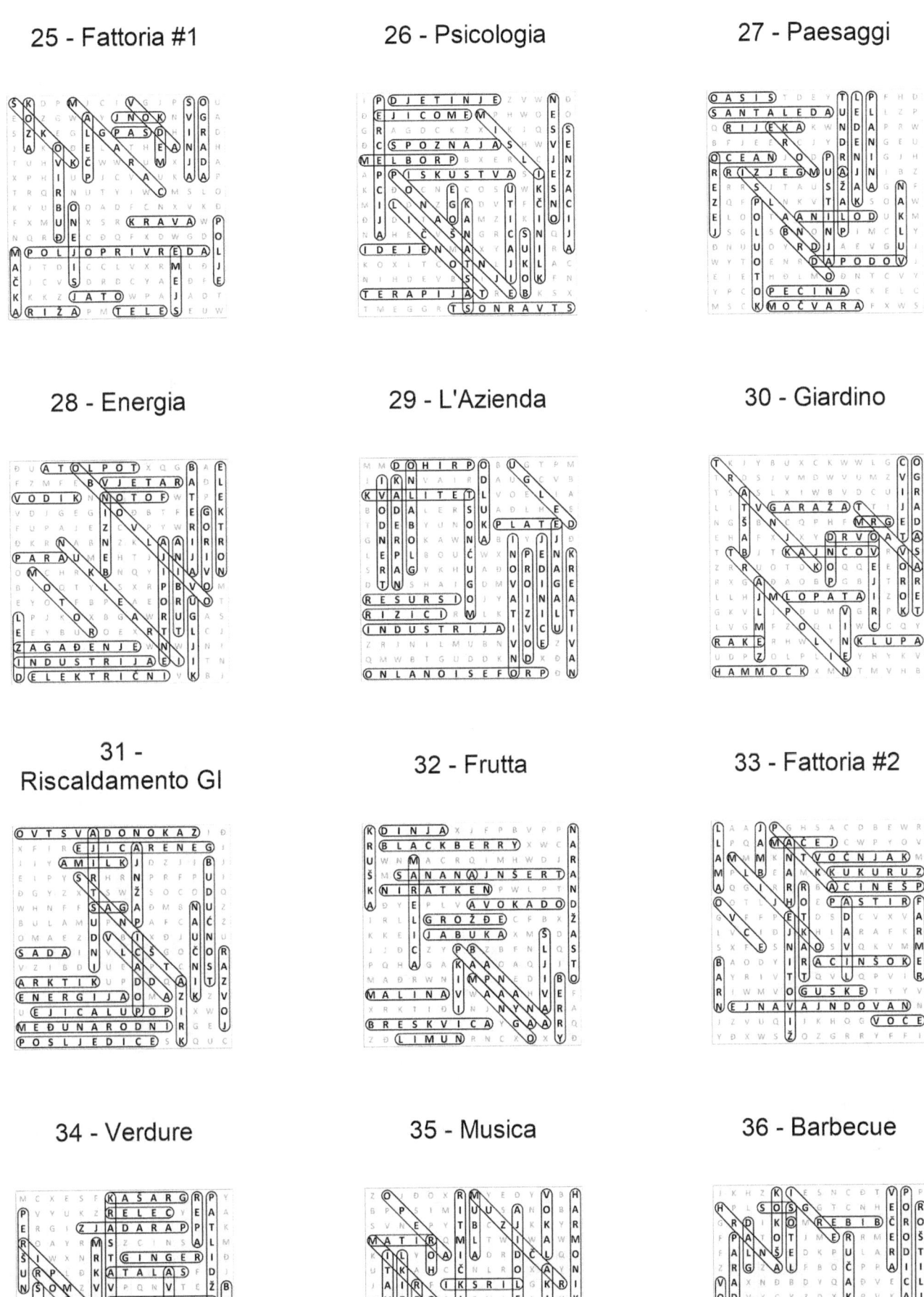

37 - Insetti

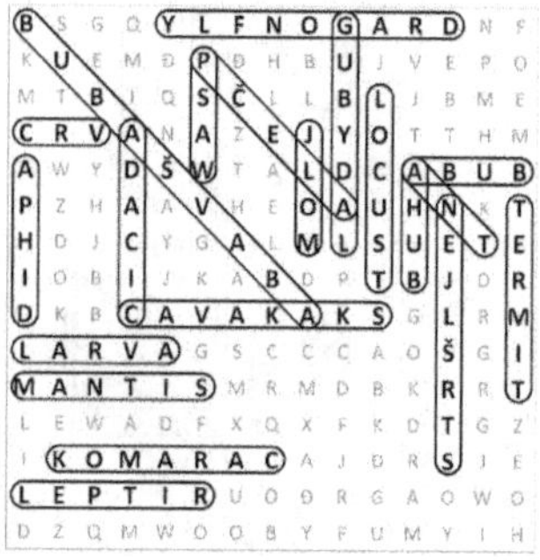

38 - Fisica

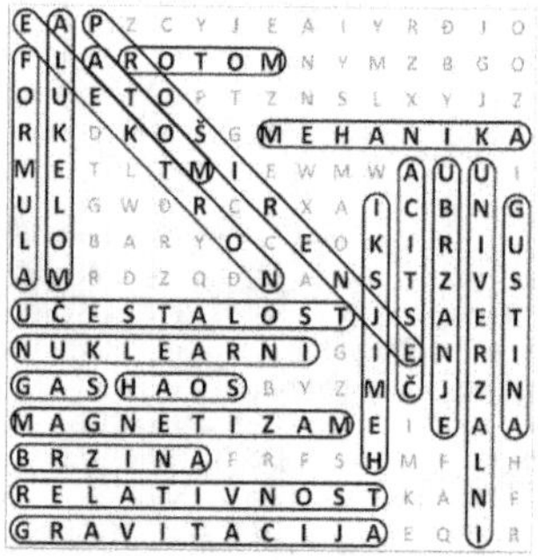

39 - Agronomia

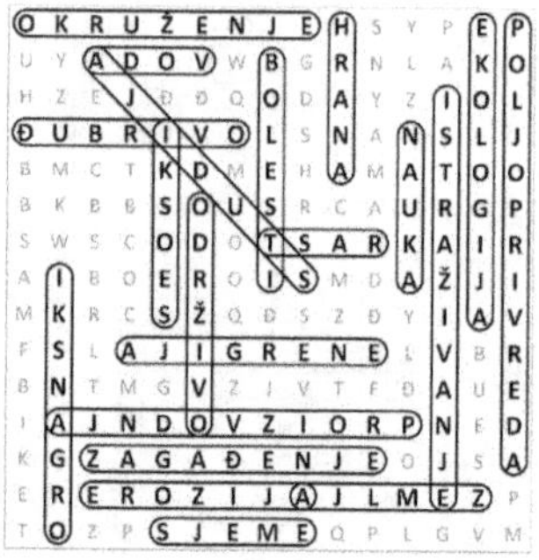

40 - Erboristeria

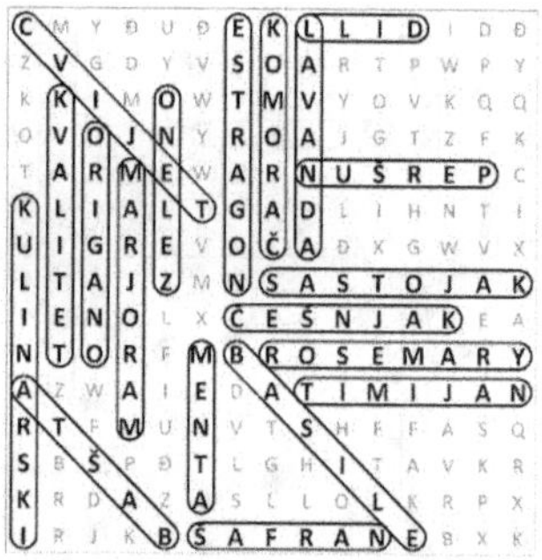

41 - Biologia

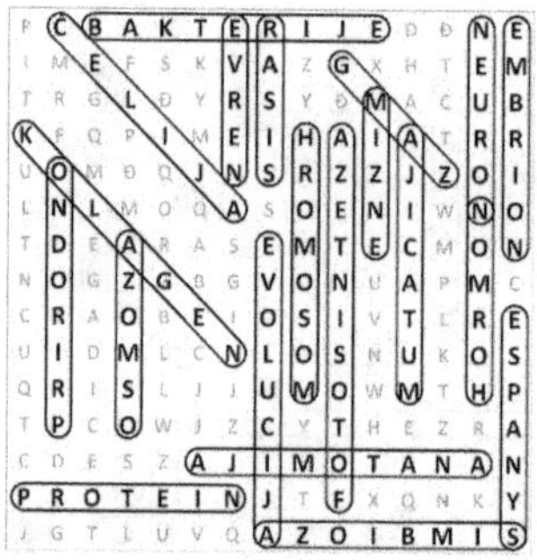

42 - Attività Commerciale

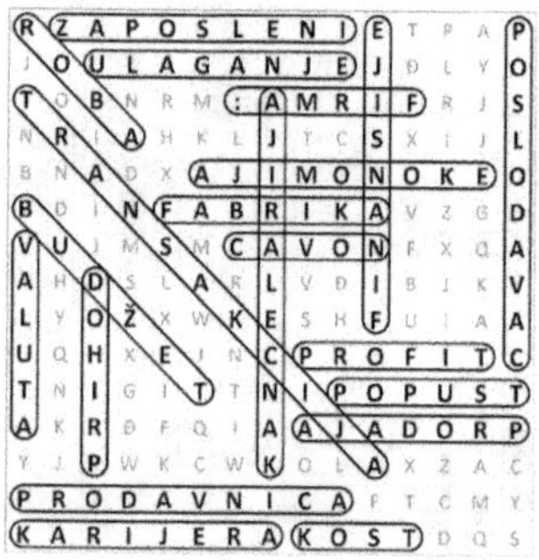

43 - Fiori

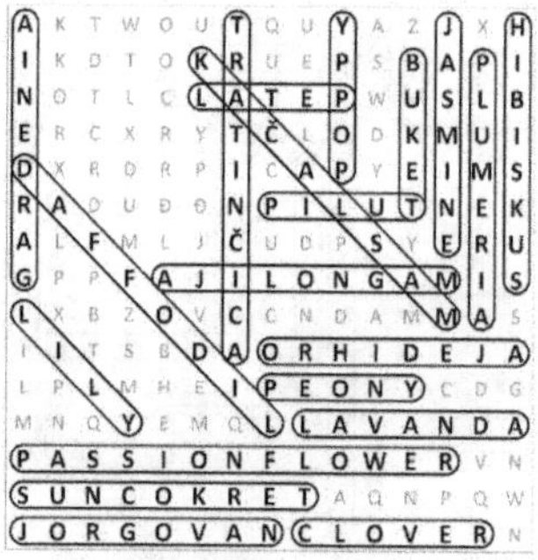

44 - Filantropia

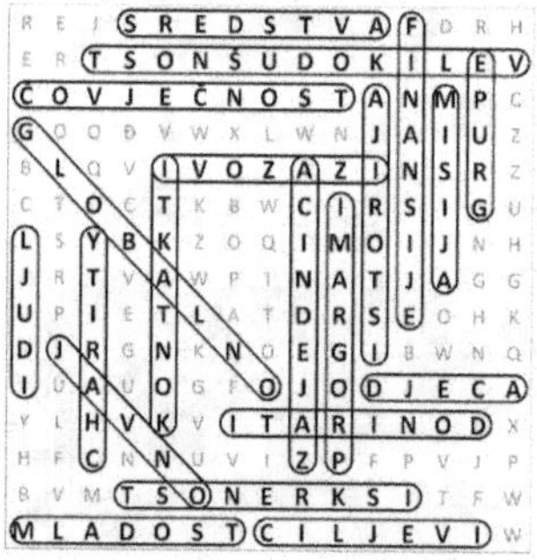

45 - Ecologia

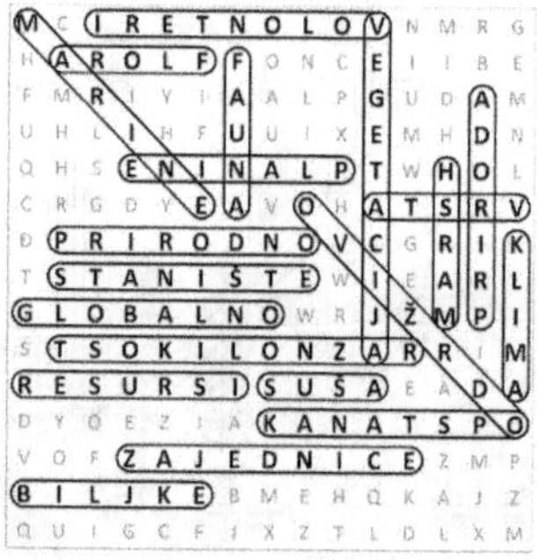

46 - Discipline Scientifiche

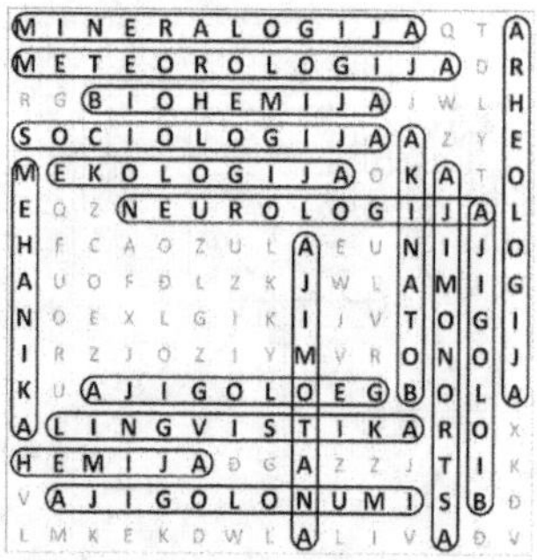

47 - Scienza

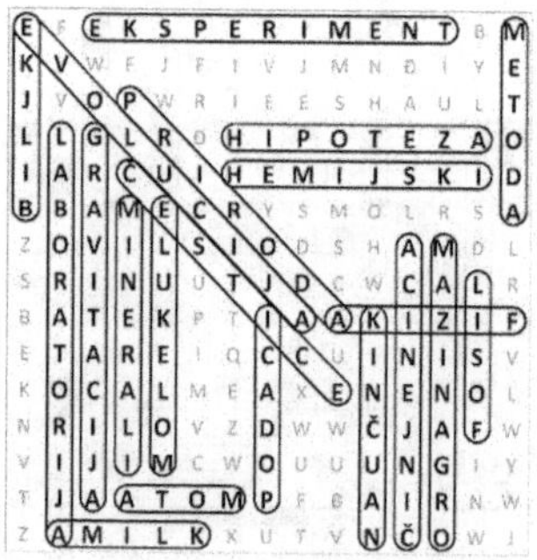

48 - Imbarcazioni

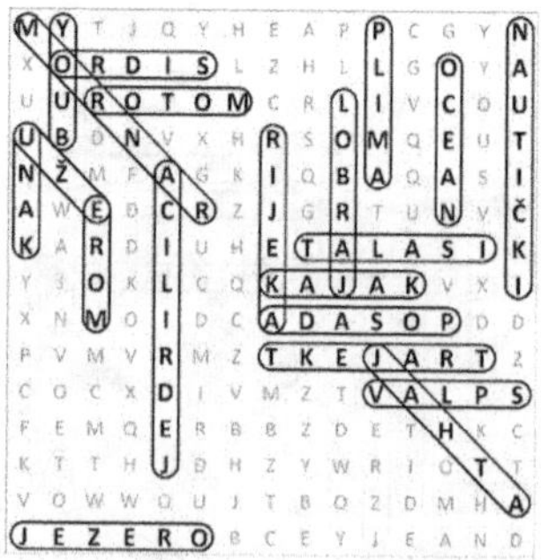

49 - Chimica

50 - Api

51 - Strumenti Musicali

52 - Professioni #2

53 - Letteratura

54 - Cibo #2

55 - Nutrizione

56 - Matematica

57 - Meditazione

58 - Elettricità

59 - Antiquariato

60 - Fotografia

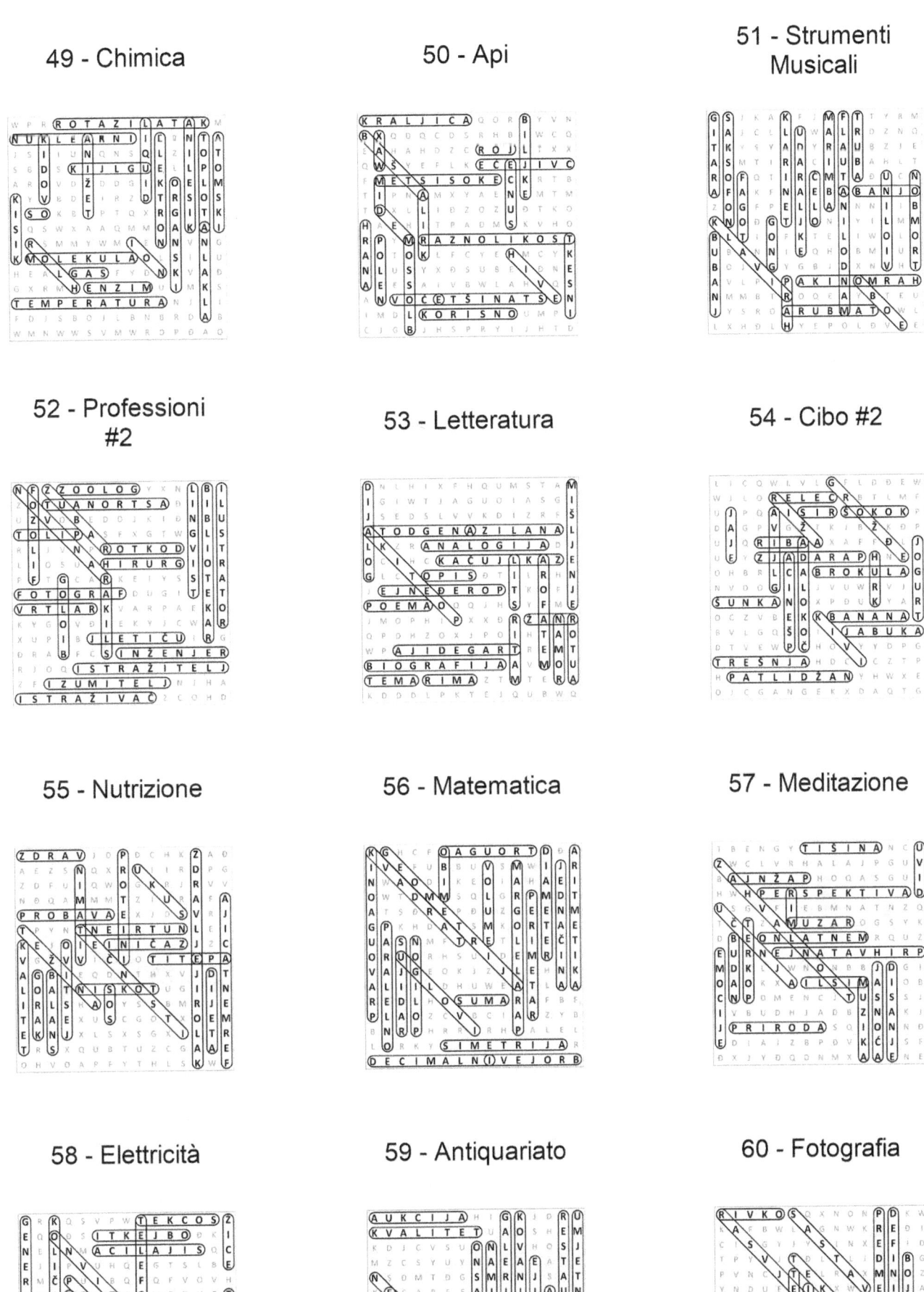

61 - Escursionismo

62 - Professioni #1

63 - Antartide

64 - Libri

65 - Geografia

66 - Cibo #1

67 - Aeroplani

68 - Governo

69 - Colori

70 - Bellezza

71 - Avventura

72 - Forme

73 - Oceano

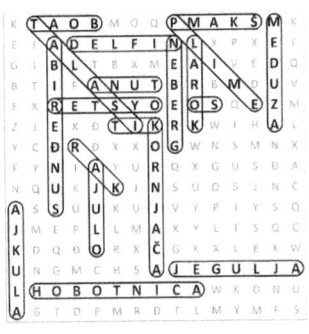

74 - Famiglia

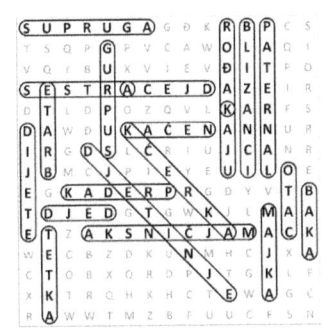

75 - Creatività

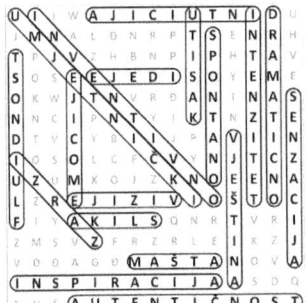

76 - Veicoli

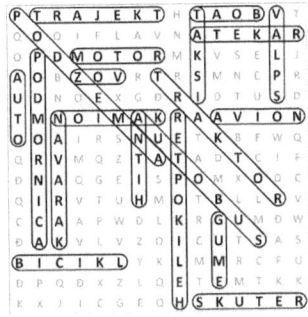

77 - Natura

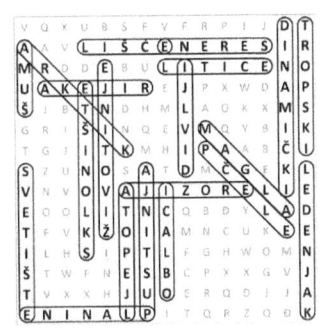

78 - Balletto

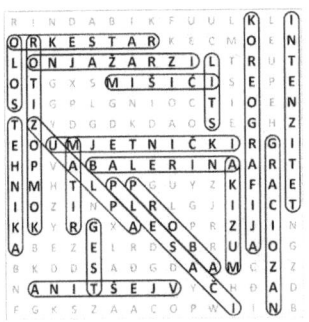

79 - Paesi #1

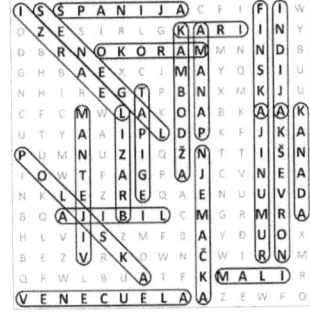

80 - Geometria

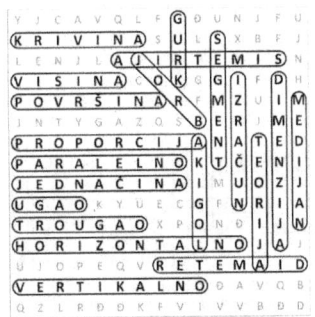

81 - Foresta Pluviale

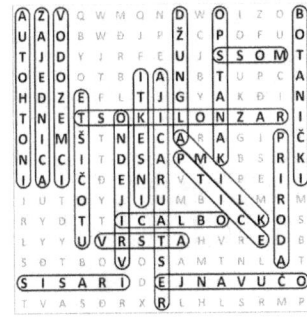

82 - Edifici

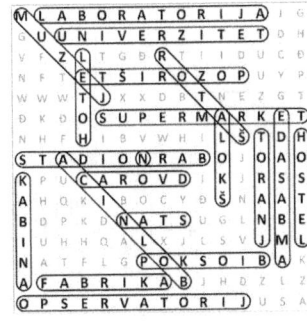

83 - Malattia

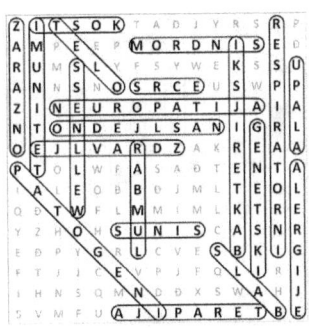

84 - Paesi #2

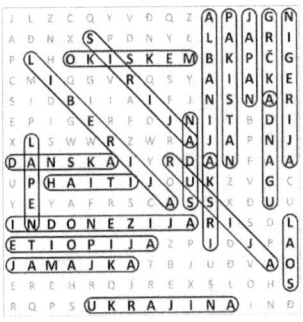

85 - Tipi di Capelli

86 - Vestiti

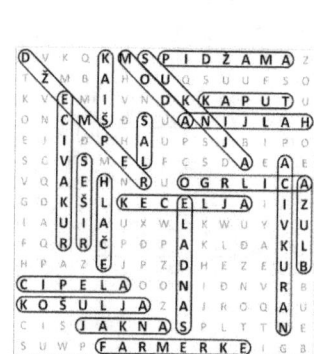

87 - Attività e Tempo Libero

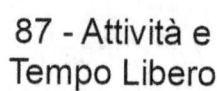
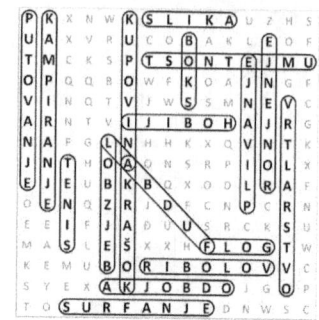

88 - Tecnologia

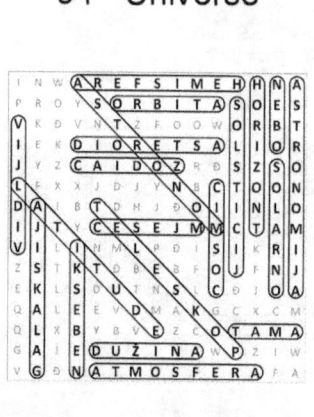

89 - Meteo

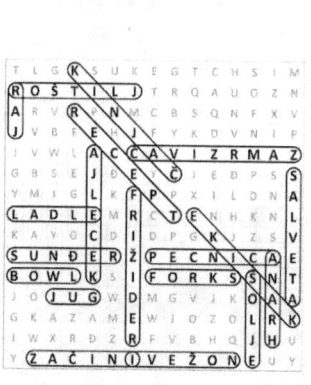

90 - Corpo Umano

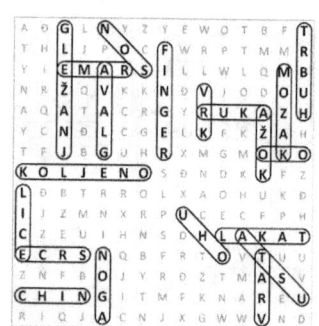

91 - Mammiferi

92 - Cucina

93 - Giardinaggio

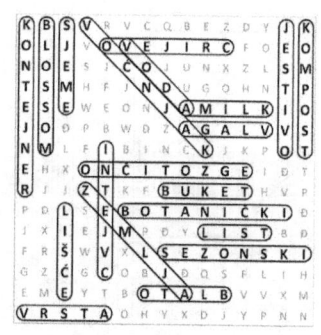

94 - Universo

95 - Jazz

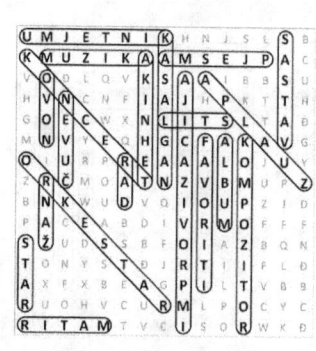

96 - Vacanze #2

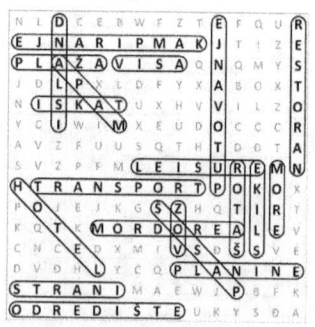

97 - Attività

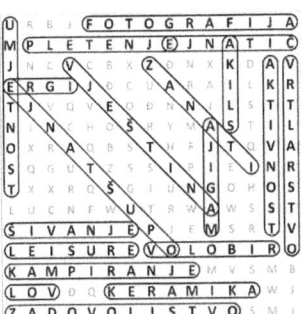

98 - Diplomazia

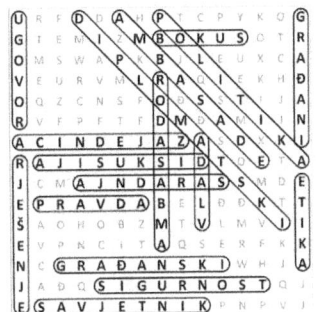

99 - Forniture Artistiche

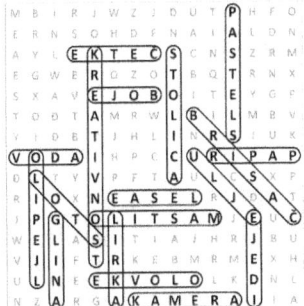

100 - Misurazioni

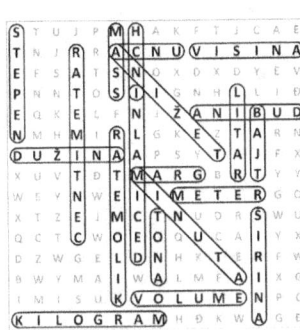

Dizionario

Aeroplani
Avioni

Altezza	Visina
Aria	Zrak
Atmosfera	Atmosfera
Atterraggio	Sletanje
Avventura	Avantura
Carburante	Gorivo
Cielo	Nebo
Costruzione	Gradnja
Design	Dizajn
Direzione	Pravac
Discesa	Descent
Eliche	Propeleri
Equipaggio	Posada
Idrogeno	Vodik
Motore	Motor
Palloncino	Balon
Passeggero	Putnik
Pilota	Pilot
Storia	Istorija
Turbolenza	Turbulencija

Aggettivi #1
Pridjevi #1

Ambizioso	Ambiciozno
Aromatico	Aromaticno
Artistico	Umjetnički
Assoluto	Potpuni
Attivo	Aktivno
Enorme	Ogroman
Esotico	Egzotično
Generoso	Velikodušan
Giovane	Mlad
Grande	Veliko
Identico	Identični
Importante	Bitan
Lento	Spor
Lungo	Dugo
Moderno	Moderna
Onesto	Iskren
Perfetto	Savršeno
Pesante	Teška
Prezioso	Vrijedno
Sottile	Tanak

Aggettivi #2
Pridjevi #2

Affamato	Gladan
Asciutto	Suho
Autentico	Autentično
Creativo	Kreativan
Descrittivo	Opisno
Dolce	Slatko
Drammatico	Dramaticno
Elegante	Elegantan
Famoso	Čuven
Forte	Jak
Interessante	Zanimljivo
Naturale	Prirodno
Normale	Normalno
Nuovo	Novo
Orgoglioso	Ponosan
Produttivo	Produktivno
Puro	Čisto
Responsabile	Odgovoran
Salato	Slano
Sano	Zdrav

Agronomia
Agronomija

Acqua	Voda
Agricoltura	Poljoprivreda
Ambiente	Okruženje
Cibo	Hrana
Crescita	Rast
Ecologia	Ekologija
Energia	Energija
Erosione	Erozija
Fertilizzante	Đubrivo
Inquinamento	Zagađenje
Malattie	Bolesti
Organico	Organski
Produzione	Proizvodnja
Ricerca	Istraživanje
Rurale	Seoski
Scienza	Nauka
Semi	Sjeme
Sostenibile	Održivo
Studio	Studija
Suolo	Zemlja

Algebra
Algebra

Diagramma	Dijagram
Equazione	Jednačina
Esponente	Exponent
Falso	False
Fattore	Faktor
Formula	Formula
Grafico	Graf
Infinito	Beskonačno
Matrice	Matrica
Numero	Broj
Parentesi	Zagrada
Problema	Problem
Quantità	Količina
Semplificare	Pojednostavi
Soluzione	Rješenje
Somma	Suma
Sottrazione	Oduzimanje
Variabile	Varijabla
Zero	Nula

Antartide
Antarktika

Acqua	Voda
Ambiente	Okruženje
Baia	Bay
Balene	Kitovi
Conservazione	Očuvanje
Continente	Kontinent
Esplorazione	Istraživanje
Geografia	Geografija
Ghiacciai	Glečeri
Ghiaccio	Led
Migrazione	Migracija
Minerali	Minerali
Nuvole	Oblaci
Penisola	Poluotok
Ricercatore	Istraživač
Roccioso	Rocky
Scientifico	Naučni
Spedizione	Ekspedicija
Temperatura	Temperatura
Topografia	Topografija

Antiquariato
Antikviteti

Arte	Umjetnost
Asta	Aukcija
Autentico	Autentično
Condizione	Stanje
Decenni	Decenije
Decorativo	Ukrasno
Elegante	Elegantan
Galleria	Galerija
Insolito	Neobično
Investimento	Ulaganje
Mobilio	Namještaj
Monete	Kovanice
Prezzo	Cijena
Qualità	Kvalitet
Restauro	Restauracija
Scultura	Skulptura
Secolo	Century
Stile	Stil
Valore	Vrijednost
Vecchio	Star

Api
Pčele

Ali	Krila
Alveare	Hive
Benefico	Korisno
Cera	Wax
Cibo	Hrana
Diversità	Raznolikost
Ecosistema	Ekosistem
Fiori	Cvijeće
Fiorire	Blossom
Frutta	Voće
Fumo	Dim
Giardino	Bašta
Habitat	Stanište
Insetto	Insekt
Miele	Med
Piante	Biljke
Polline	Polen
Regina	Kraljica
Sciame	Roj
Sole	Sunce

Archeologia
Arheologija

Analisi	Analiza
Antichità	Antika
Antico	Drevni
Civiltà	Civilizacija
Discendente	Potomak
Era	Era
Esperto	Stručnjak
Fossile	Fosil
Frammenti	Fragmenti
Mistero	Misterija
Oggetti	Objekti
Ossa	Kosti
Professore	Profesor
Reliquia	Relikvija
Ricercatore	Istraživač
Sconosciuto	Nepoznat
Squadra	Tim
Tempio	Hram
Tomba	Grobnica
Valutazione	Procjena

Astronomia
Astronomija

Asteroide	Asteroid
Astronauta	Astronaut
Astronomo	Astronom
Cielo	Nebo
Cosmo	Cosmos
Costellazione	Sazvježđe
Equinozio	Equinox
Galassia	Galaksija
Gravità	Gravitacija
Luna	Mjesec
Meteora	Meteor
Nebulosa	Nebula
Osservatorio	Opservatorij
Pianeta	Planeta
Radiazione	Zračenje
Razzo	Raketa
Supernova	Supernova
Telescopio	Teleskop
Terra	Zemlja
Universo	Svemir

Attività
Aktivnosti

Abilità	Vještina
Arte	Umjetnost
Artigianato	Zanati
Attività	Aktivnost
Caccia	Lov
Campeggio	Kampiranje
Ceramica	Keramika
Cucire	Šivanje
Fotografia	Fotografija
Giardinaggio	Vrtlarstvo
Giochi	Igre
Lettura	Čitanje
Magia	Magija
Maglieria	Pletenje
Pesca	Ribolov
Piacere	Zadovoljstvo
Pittura	Slika
Puzzle	Zagonetke
Rilassamento	Opuštanje
Tempo Libero	Leisure

Attività Commerciale
Biznisni Fax

Bilancio	Budžet
Carriera	Karijera
Costo	Kost
Datore di Lavoro	Poslodavac
Dipendente	Zaposleni
Economia	Ekonomija
Fabbrica	Fabrika
Finanza	Finansije
Investimento	Ulaganje
Merce	Roba
Negozio	Prodavnica
Profitto	Profit
Reddito	Prihod
Sconto	Popust
Società	Firma:
Soldi	Novac
Transazione	Transakcija
Ufficio	Kancelarija
Valuta	Valuta
Vendita	Prodaja

Attività e Tempo Libero
Aktivnosti i Slobodno Vr

Arte	Umjetnost
Baseball	Bejzbol
Basket	Košarka
Boxe	Boks
Calcio	Fudbal
Campeggio	Kampiranje
Giardinaggio	Vrtlarstvo
Golf	Golf
Hobby	Hobiji
Immersione	Ronjenje
Nuoto	Plivanje
Pallavolo	Odbojka
Pesca	Ribolov
Pittura	Slika
Shopping	Kupovina
Surf	Surfanje
Tennis	Tenis
Viaggio	Putovanje

Avventura
Avantura

Amici	Prijatelji
Attività	Aktivnost
Bellezza	Ljepota
Caso	Šansa
Coraggio	Hrabrost
Destinazione	Odredište
Difficoltà	Teško
Entusiasmo	Entuzijazam
Escursione	Izlet
Gioia	Radost
Insolito	Neobično
Itinerario	Itinerar
Natura	Priroda
Navigazione	Navigacija
Nuovo	Novo
Opportunità	Prilika
Pericoloso	Opasno
Preparazione	Priprema
Sfide	Izazovi
Sicurezza	Sigurnost

Balletto
Balet

Abilità	Vještina
Applauso	Aplauz
Artistico	Umjetnički
Assolo	Solo
Ballerina	Balerina
Ballerini	Plesači
Compositore	Kompozitor
Coreografia	Koreografija
Espressivo	Izražajno
Gesto	Gest
Grazioso	Graciozan
Intensità	Intenzitet
Muscoli	Mišići
Musica	Muzika
Orchestra	Orkestar
Prova	Proba
Ritmo	Ritam
Stile	Stil
Tecnica	Tehnika

Barbecue
Roštilji

Caldo	Vruće
Cena	Večera
Cibo	Hrana
Cipolle	Luk
Coltelli	Noževi
Estate	Leto
Fame	Glad
Famiglia	Porodica
Frutta	Voće
Giochi	Igre
Griglia	Roštilj
Insalate	Salate
Invito	Poziv
Musica	Muzika
Pepe	Biber
Pollo	Kokoš
Pomodori	Paradajz
Pranzo	Ručak
Sale	So
Salsa	Sos

Bellezza
Ljepota

Colore	Boja
Cosmetici	Kozmetika
Elegante	Elegantan
Eleganza	Elegancija
Fascino	Šarm
Forbici	Makaze
Fotogenico	Fotogenično
Fragranza	Miris
Grazia	Grace
Mascara	Maskara
Oli	Ulja
Pelle	Koža
Prodotti	Proizvodi
Riccioli	Kovrče
Rossetto	Ruž
Servizi	Usluge
Shampoo	Šampon
Specchio	Ogledalo
Stilista	Stilist
Trucco	Šminka

Biologia
Biologija

Anatomia	Anatomija
Batteri	Bakterije
Cellula	Ćelija
Collagene	Kolagen
Cromosoma	Hromosom
Embrione	Embrion
Enzima	Enzim
Evoluzione	Evolucija
Fotosintesi	Fotosinteza
Mammifero	Sisar
Mutazione	Mutacija
Naturale	Prirodno
Nervo	Nerve
Neurone	Neuron
Ormone	Hormon
Osmosi	Osmoza
Proteina	Protein
Rettile	Gmaz
Simbiosi	Simbioza
Sinapsi	Synapse

Campeggio
Kampovanje

Alberi	Drveće
Amaca	Hammock
Animali	Životinje
Avventura	Avantura
Bussola	Kompas
Cabina	Kabina
Caccia	Lov
Canoa	Kanu
Cappello	Šešir
Corda	Uže
Divertimento	Zabava
Foresta	Šuma
Fuoco	Pali!
Insetto	Insekt
Lago	Jezero
Luna	Mjesec
Mappa	Mapa
Montagna	Planina
Natura	Priroda
Tenda	Šator

Casa
Kuća

Attico	Tavan
Biblioteca	Biblioteka
Camera	Soba
Camino	Kamin
Cucina	Kuhinja
Doccia	Tuš
Finestra	Prozor
Garage	Garaža
Giardino	Bašta
Lampada	Lampa
Parete	Zid
Pavimento	Floor
Porta	Vrata
Recinto	Ograda
Rubinetto	Slavina
Scopa	Metla
Soffitto	Plafon
Specchio	Ogledalo
Tappeto	Tepih
Tetto	Krov

Chimica
Hemija

Acido	Kiselina
Alcalino	Alkalna
Atomico	Atomski
Calore	Toplota
Carbonio	Ugljik
Catalizzatore	Katalizator
Cloro	Hlor
Elettrone	Elektron
Enzima	Enzim
Gas	Gas
Idrogeno	Vodik
Ione	Ion
Liquido	Liquid
Molecola	Molekula
Nucleare	Nuklearni
Organico	Organski
Ossigeno	Kisik
Peso	Težina
Sale	So
Temperatura	Temperatura

Cibo #1
Hrana # 1

Aglio	Češnjak
Basilico	Basile
Cannella	Cimet
Carne	Meso
Carota	Mrkva
Cipolla	Luk
Fragola	Jagoda
Insalata	Salata
Latte	Mlijeko
Limone	Limun
Menta	Menta
Orzo	Ječam
Pera	Kruška
Rapa	Repa
Sale	So
Spinaci	Špinat
Succo	Sok
Tonno	Tuna
Torta	Kolač
Zucchero	Šećer

Cibo #2
Hrana # 2

Banana	Banana
Broccolo	Brokula
Ciliegia	Trešnja
Cioccolato	Čokolada
Formaggio	Sir
Fungo	Gljiva
Grano	Pšenica
Kiwi	Kivi
Mela	Jabuka
Melanzana	Patlidžan
Pane	Kruh
Pesce	Riba
Pollo	Kokoš
Pomodoro	Paradajz
Prosciutto	Šunka
Riso	Riža
Sedano	Celer
Uovo	Jaje
Uva	Grožđe
Yogurt	Jogurt

Cioccolato
Čokolada

Amaro	Gorak
Antiossidante	Antioksidant
Arachidi	Kikiriki
Aroma	Aroma
Brama	Žudnja
Cacao	Cacao
Calorie	Kalorije
Caramella	Slatkiš
Caramello	Karamel
Delizioso	Ukusno
Dolce	Slatko
Esotico	Egzotično
Gusto	Ukus
Ingrediente	Sastojak
Noce di Cocco	Kokos
Preferito	Favorit
Qualità	Kvalitet
Ricetta	Recept
Zucchero	Šećer

Città
Grad

Aeroporto	Aerodrom
Banca	Banka
Biblioteca	Biblioteka
Cinema	Bioskop
Clinica	Klinika
Farmacia	Apoteka
Fiorista	Cvjećar
Galleria	Galerija
Hotel	Hotel
Libreria	Knjižara
Mercato	Tržište
Museo	Muzej
Negozio	Prodavnica
Panetteria	Pekara
Scuola	Škola
Stadio	Stadion
Supermercato	Supermarket
Teatro	Pozorište
Università	Univerzitet
Zoo	Zoo

Colori
Boje

Arancia	Narandžasto
Azzurro	Azure
Beige	Bež
Bianco	Bela
Blu	Plava
Ciano	Cyan
Fucsia	Fuksija
Giallo	Žuto
Grigio	Siva
Indaco	Indigo
Magenta	Magenta
Marrone	Brown
Nero	Crna
Rosa	Roze
Rosso	Crven
Seppia	Sepia
Verde	Zeleno
Viola	Purpurno

Corpo Umano
Ljudsko Tijelo

Bocca	Usta
Caviglia	Gležanj
Cervello	Mozak
Collo	Vrat
Cuore	Srce
Dito	Finger
Faccia	Lice
Gamba	Noga
Ginocchio	Koljeno
Gomito	Lakat
Mano	Ruka
Mento	Chin
Naso	Nos
Occhio	Oko
Orecchio	Uho
Pelle	Koža
Sangue	Krv
Spalla	Rame
Stomaco	Trbuh
Testa	Glava

Creatività
Kreativnost

Abilità	Vještina
Artistico	Umjetnički
Autenticità	Autentičnost
Chiarezza	Jasnoća
Drammatico	Dramaticno
Emozioni	Emocije
Espressione	Izraz
Fluidità	Fluidnost
Idee	Ideje
Immaginazione	Mašta
Immagine	Slika
Impressione	Utisak
Intensità	Intenzitet
Intuizione	Intuicija
Inventivo	Inventivno
Ispirazione	Inspiracija
Sensazione	Senzacija
Spontaneo	Spontano
Visioni	Vizije
Vitalità	Vitalnost

Cucina
Kuhinja

Bollitore	Čajnik
Brocca	Jug
Cibo	Hrana
Ciotola	Bowl
Coltelli	Noževi
Congelatore	Zamrzivač
Cucchiai	Kašike
Forchette	Forks
Forno	Pecnica
Frigorifero	Frižider
Grembiule	Kecelja
Griglia	Roštilj
Mestolo	Ladle
Ricetta	Recept
Spezie	Začini
Spugna	Sunđer
Tazze	Šolje
Tovagliolo	Salveta
Vaso	Jar

Diplomazia
Diplomatija

Ambasciata	Ambasade
Ambasciatore	Ambasador
Cittadini	Građani
Civico	Građanski
Comunità	Zajednica
Conflitto	Sukob
Consigliere	Savjetnik
Cooperazione	Saradnja
Diplomatico	Diplomatski
Discussione	Diskusija
Etica	Etika
Giustizia	Pravda
Governo	Vlada
Integrità	Integritet
Politica	Politika
Risoluzione	Rezolucija
Sicurezza	Sigurnost
Soluzione	Rješenje
Trattato	Ugovor
Umanitario	Humanitarac

Discipline Scientifiche
Naučne Discipline

Anatomia	Anatomija
Archeologia	Arheologija
Astronomia	Astronomija
Biochimica	Biohemija
Biologia	Biologija
Botanica	Botanika
Chimica	Hemija
Ecologia	Ekologija
Fisiologia	Fiziologija
Geologia	Geologija
Immunologia	Imunologija
Linguistica	Lingvistika
Meccanica	Mehanika
Meteorologia	Meteorologija
Mineralogia	Mineralogija
Neurologia	Neurologija
Psicologia	Psihologija
Sociologia	Sociologija
Termodinamica	Termodinamika
Zoologia	Zoologija

Ecologia
Ekologija

Clima	Klima
Comunità	Zajednice
Diversità	Raznolikost
Fauna	Fauna
Flora	Flora
Globale	Globalno
Habitat	Stanište
Marino	Marine
Montagne	Planine
Natura	Priroda
Naturale	Prirodno
Palude	Marsh
Piante	Biljke
Risorse	Resursi
Siccità	Suša
Sopravvivenza	Opstanak
Sostenibile	Održivo
Specie	Vrsta
Vegetazione	Vegetacija
Volontari	Volonteri

Edifici
Zgrade

Ambasciata	Ambasade
Appartamento	Stan
Cabina	Kabina
Castello	Dvorac
Cinema	Bioskop
Fabbrica	Fabrika
Fienile	Barn
Hotel	Hotel
Laboratorio	Laboratorija
Museo	Muzej
Ospedale	Bolnica
Osservatorio	Opservatorij
Ostello	Hostel
Scuola	Škola
Stadio	Stadion
Supermercato	Supermarket
Teatro	Pozorište
Tenda	Šator
Torre	Toranj
Università	Univerzitet

Elettricità
Elektricitet

Attrezzatura	Oprema
Batteria	Baterija
Cavo	Kabl
Conservazione	Skladište
Elettricista	Električar
Elettrico	Električni
Fili	Žice
Generatore	Generator
Lampada	Lampa
Lampadina	Sijalica
Laser	Laser
Magnete	Magnet
Negativo	Negativno
Oggetti	Objekti
Positivo	Pozitivno
Presa	Socket
Quantità	Količina
Rete	Mreža
Telefono	Telefon
Televisione	Televizija

Energia
Energija

Ambiente	Okruženje
Batteria	Baterija
Benzina	Benzin
Calore	Toplota
Carbonio	Ugljik
Carburante	Gorivo
Diesel	Dizel
Elettrico	Električni
Elettrone	Elektron
Entropia	Entropija
Fotone	Foton
Idrogeno	Vodik
Industria	Industrija
Inquinamento	Zagađenje
Motore	Motor
Nucleare	Nuklearni
Rinnovabile	Obnovljivo
Turbina	Turbina
Vapore	Para
Vento	Vjetar

Erboristeria
Herbalizam

Aglio	Češnjak
Aneto	Dill
Aromatico	Aromaticno
Basilico	Basile
Culinario	Kulinarski
Dragoncello	Estragon
Finocchio	Komorač
Fiore	Cvijet
Giardino	Bašta
Ingrediente	Sastojak
Lavanda	Lavanda
Maggiorana	Marjoram
Menta	Menta
Origano	Origano
Prezzemolo	Peršun
Qualità	Kvalitet
Rosmarino	Rosemary
Timo	Timijan
Verde	Zeleno
Zafferano	Šafran

Escursionismo
Planinarenje

Acqua	Voda
Animali	Životinje
Campeggio	Kampiranje
Clima	Klima
Guide	Vodiči
Mappa	Mapa
Montagna	Planina
Natura	Priroda
Orientamento	Orijentacija
Parchi	Parkovi
Pericoli	Opasnosti
Pesante	Teška
Pietre	Kamenje
Preparazione	Priprema
Scogliera	Cliff
Selvaggio	Divlji
Sole	Sunce
Stanco	Umoran
Stivali	Čizme
Vertice	Samit

Famiglia
Porodično Ime

Antenato	Predak
Bambini	Djeca
Bambino	Dijete
Cugino	Rođak
Figlia	Kćerka
Fratello	Brate
Gemelli	Blizanci
Infanzia	Djetinje
Madre	Majka
Marito	Suprug
Materno	Majčinska
Moglie	Supruga
Nipote	Nećak
Nonna	Baka
Nonno	Djed
Padre	Otac
Paterno	Paternal
Sorella	Sestra
Zia	Tetka
Zio	Ujak

Fantascienza
Znanstvena Fantastika

Atomico	Atomic
Cinema	Bioskop
Distopia	Distopija
Esplosione	Eksplozija
Estremo	Extreme
Fantastico	Fantastično
Fuoco	Pali!
Futuristico	Futuristički
Galassia	Galaksija
Illusione	Iluzija
Immaginario	Imaginarno
Libri	Knjige
Misterioso	Misteriozno
Mondo	Svijet
Oracolo	Oracle
Pianeta	Planeta
Robot	Roboti
Scenario	Scenario
Tecnologia	Tehnologija
Utopia	Utopija

Fattoria #1
Farma # 1

Acqua	Voda
Agricoltura	Poljoprivreda
Ape	Pčela
Asino	Magarac
Campo	Polje
Cane	Pas
Capra	Koza
Cavallo	Konj
Fertilizzante	Đubrivo
Fieno	Sijeno
Gatto	Mačka
Gregge	Jato
Maiale	Svinja
Miele	Med
Mucca	Krava
Pollo	Kokoš
Recinto	Ograda
Riso	Riža
Semi	Sjeme
Vitello	Tele

Fattoria #2
Farma #2

Agnello	Jamb
Agricoltore	Farmer
Alveare	Košnica
Anatra	Patka
Animali	Životinje
Cibo	Hrana
Fienile	Barn
Frutta	Voće
Frutteto	Voćnjak
Grano	Pšenica
Irrigazione	Navodnjavanje
Lama	Llama
Latte	Mlijeko
Mais	Kukuruz
Oche	Guske
Orzo	Ječam
Pastore	Pastir
Pecora	Ovce
Prato	Livada
Trattore	Traktor

Filantropia
Filantropija

Bambini	Djeca
Carità	Charity
Comunità	Zajednica
Contatti	Kontakti
Donare	Donirati
Finanza	Finansije
Fondi	Sredstva
Generosità	Velikodušnost
Gioventù	Mladost
Globale	Globalno
Gruppi	Grupe
Missione	Misija
Obiettivi	Ciljevi
Onestà	Iskrenost
Persone	Ljudi
Programmi	Programi
Pubblico	Javno
Sfide	Izazovi
Storia	Istorija
Umanità	Čovječnost

Fiori
Cvijeće

Dente di Leone	Maslačak
Gardenia	Gardenia
Gelsomino	Jasmine
Giglio	Lily
Girasole	Suncokret
Ibisco	Hibiskus
Lavanda	Lavanda
Lilla	Jorgovan
Magnolia	Magnolija
Margherita	Tratinčica
Mazzo	Buket
Narciso	Daffodil
Orchidea	Orhideja
Papavero	Poppy
Passiflora	Passionflower
Peonia	Peony
Petalo	Petal
Plumeria	Plumeria
Trifoglio	Clover
Tulipano	Tulip

Fisica
Fizika

Accelerazione	Ubrzanje
Atomo	Atom
Caos	Haos
Chimico	Hemijski
Densità	Gustina
Elettrone	Elektron
Espansione	Proširenje
Formula	Formula
Frequenza	Učestalost
Gas	Gas
Gravità	Gravitacija
Magnetismo	Magnetizam
Meccanica	Mehanika
Molecola	Molekula
Motore	Motor
Nucleare	Nuklearni
Particella	Čestica
Relatività	Relativnost
Universale	Univerzalni
Velocità	Brzina

Foresta Pluviale
Kišna Šuma

Anfibi	Vodozemci
Botanico	Botanički
Clima	Klima
Comunità	Zajednica
Diversità	Raznolikost
Giungla	Džungla
Indigeno	Autohtoni
Insetti	Insekti
Mammiferi	Sisari
Muschio	Moss
Natura	Priroda
Nuvole	Oblaci
Preservazione	Očuvanje
Prezioso	Vrijedno
Restauro	Restauracija
Rifugio	Utočište
Sopravvivenza	Opstanak
Specie	Vrsta
Uccelli	Ptice

Forme
Oblici

Angolo	Ugao
Arco	Arc
Bordi	Ivice
Cerchio	Krug
Cilindro	Cilindar
Cono	Cone
Cubo	Kocka
Curva	Krivina
Ellisse	Elipsa
Iperbole	Hiperbola
Lato	Strana
Linea	Linija
Ovale	Ovalni
Piramide	Piramide
Poligono	Poligon
Prisma	Prism
Quadrato	Kvadrat
Rettangolo	Pravougaonik
Triangolo	Trougao

Forniture Artistiche
Umjetnički Pribor

Acqua	Voda
Acrilico	Akril
Argilla	Glina
Carta	Papir
Cavalletto	Easel
Colla	Ljepilo
Colori	Boje
Creatività	Kreativnost
Gomma	Brisač
Idee	Ideje
Inchiostro	Mastilo
Matite	Olovke
Olio	Ulje
Pastelli	Pastels
Sedia	Stolica
Spazzole	Četke
Tavolo	Stol
Telecamera	Kamera

Forza e Gravità
Sila i Gravitacija

Asse	Osa
Attrito	Trenje
Centro	Centar
Dinamico	Dinamički
Distanza	Razdaljina
Espansione	Proširenje
Fisica	Fizika
Impatto	Udar
Magnetismo	Magnetizam
Meccanica	Mehanika
Movimento	Kretanje
Orbita	Orbita
Peso	Težina
Pianeti	Planete
Pressione	Pritisak
Proprietà	Osobine
Scoperta	Otkriće
Tempo	Vrijeme
Universale	Univerzalni
Velocità	Brzina

Fotografia
Bibliografija

Ammorbidire	Omekšati
Buio	Tama
Colore	Boja
Composizione	Sastav
Contrasto	Kontrast
Cornice	Okvir
Definizione	Definicija
Esposizione	Izložba
Formato	Format
Illuminazione	Rasvjeta
Nero	Crna
Oggetto	Objekt
Ombre	Sjene
Prospettiva	Perspektiva
Ritratto	Portret
Soggetto	Predmet
Telecamera	Kamera
Trama	Tekstura
Visivo	Vizuelni

Frutta
Voće.

Albicocca	Marelica
Ananas	Ananas
Arancia	Narandžasto
Avocado	Avokado
Bacca	Berry
Banana	Banana
Ciliegia	Trešnja
Kiwi	Kivi
Lampone	Malina
Limone	Limun
Mango	Mango
Mela	Jabuka
Melone	Dinja
Mora	Blackberry
Nettarina	Nektarin
Papaia	Papaya
Pera	Kruška
Pesca	Breskvica
Prugna	Šljiva
Uva	Grožđe

Geografia
Bibliografija

Altitudine	Visina
Atlante	Atlas
Città	Grad
Continente	Kontinent
Emisfero	Hemisfera
Fiume	Rijeka
Isola	Island
Latitudine	Latitude
Longitudine	Dužina
Mappa	Mapa
Mare	More
Meridiano	Meridijan
Mondo	Svijet
Montagna	Planina
Nord	Sjever
Ovest	Zapad
Paese	Zemlja
Regione	Region
Sud	Jug
Territorio	Teritorija

Geologia
Geologija

Acido	Kiselina
Altopiano	Plateau
Calcio	Kalcij
Caverna	Pećina
Continente	Kontinent
Corallo	Koral
Cristalli	Kristali
Erosione	Erozija
Fossile	Fosil
Geyser	Gejzir
Lava	Lava
Minerali	Minerali
Pietra	Stone
Quarzo	Kvarc
Sale	So
Stalagmiti	Stalagmiti
Stalattite	Stalaktit
Strato	Sloj
Terremoto	Zemljotres
Vulcano	Vulkan

Geometria
Geometrija

Altezza	Visina
Angolo	Ugao
Calcolo	Izračun
Cerchio	Krug
Curva	Krivina
Diametro	Diameter
Dimensione	Dimenzija
Equazione	Jednačina
Logica	Logika
Mediano	Medijan
Numero	Broj
Orizzontale	Horizontalno
Parallelo	Paralelno
Proporzione	Proporcija
Segmento	Segment
Simmetria	Simetrija
Superficie	Površina
Teoria	Teorija
Triangolo	Trougao
Verticale	Vertikalno

Giardinaggio
Vrtlarstvo

Acqua	Voda
Botanico	Botanički
Clima	Klima
Commestibile	Jestivo
Compost	Kompost
Contenitore	Kontejner
Esotico	Egzotično
Fiorire	Blossom
Floreale	Cvjetni
Foglia	List
Fogliame	Lišće
Frutteto	Voćnjak
Mazzo	Buket
Semi	Sjeme
Specie	Vrsta
Sporco	Blato
Stagionale	Sezonski
Suolo	Zemlja
Tubo	Crijevo
Umidità	Vlaga

Giardino
Vrt

Albero	Drvo
Amaca	Hammock
Cespuglio	Grm
Erba	Trava
Erbacce	Korov
Fiore	Cvijet
Frutteto	Voćnjak
Garage	Garaža
Giardino	Bašta
Pala	Lopata
Panca	Klupa
Prato	Travnjak
Rastrello	Rake
Recinto	Ograda
Stagno	Pond
Suolo	Zemlja
Terrazza	Terasa
Trampolino	Trampolin
Tubo	Crijevo
Vite	Vine

Giorni e Mesi
Dani i Mjeseci

Agosto	Avgust
Anno	Godina
Aprile	April
Calendario	Kalendar
Dicembre	Decembar
Domenica	Nedjelja
Febbraio	Februar
Gennaio	Januar
Giugno	Jun
Luglio	Juli
Lunedì	Ponedjeljak
Martedì	Utorak
Mercoledì	Srijeda
Mese	Mjesec
Novembre	Novembar
Ottobre	Oktobar
Sabato	Subota
Settembre	Septembar
Settimana	Sedmicu
Venerdì	Petak

Governo
Vlada

Capo	Vođa
Cittadinanza	Državljanstvo
Civile	Civil
Costituzione	Ustav
Democrazia	Demokratija
Diritti	Prava
Discorso	Govor
Discussione	Diskusija
Giudiziario	Sudski
Giustizia	Pravda
Indipendenza	Nezavisnost
Legge	Zakon
Libertà	Sloboda
Monumento	Spomenik
Nazione	Nacija
Politica	Politika
Simbolo	Simbol
Stato	Stanje
Uguaglianza	Jednakost

Guida
Vožnja

Auto	Auto
Autobus	Autobus
Carburante	Gorivo
Freni	Kočnice
Garage	Garaža
Gas	Gas
Incidente	Nesreća
Licenza	Licenca
Mappa	Mapa
Moto	Motocikl
Motore	Motor
Pedonale	Pješak
Pericolo	Opasnost
Polizia	Policija
Sicurezza	Sigurnost
Strada	Cesta
Traffico	Saobraćaj
Trasporto	Transport
Tunnel	Tunel
Velocità	Brzina

I Media
Mediji

Atteggiamenti	Stavovi
Commerciale	Komercijalno
Comunicazione	Komunikacija
Digitale	Digitalno
Edizione	Izdanje
Educazione	Obrazovanje
Fatti	Činjenice
Finanziamento	Finansiranje
Foto	Slike
Giornali	Novine
Industria	Industrija
Intellettuale	Intelektualno
Locale	Lokalni
Online	Online
Opinione	Mišljenje
Pubblico	Javno
Radio	Radio
Rete	Mreža
Riviste	Časopisi
Televisione	Televizija

Imbarcazioni
Brodovi

Albero	Jarbol
Ancora	Sidro
Barca a Vela	Jedrilica
Boa	Buoy
Canoa	Kanu
Corda	Uže
Equipaggio	Posada
Fiume	Rijeka
Kayak	Kajak
Lago	Jezero
Mare	More
Marea	Plima
Marinaio	Mornar
Motore	Motor
Nautico	Nautički
Oceano	Ocean
Onde	Talasi
Traghetto	Trajekt
Yacht	Jahta
Zattera	Splav

Ingegneria
Inženjering

Angolo	Ugao
Asse	Osa
Calcolo	Izračun
Costruzione	Gradnja
Diagramma	Dijagram
Diametro	Diameter
Diesel	Dizel
Distribuzione	Distribucija
Energia	Energija
Forza	Strength
Leve	Poluge
Liquido	Liquid
Macchina	Mašina
Misurazione	Merenje
Motore	Motor
Profondità	Dubina
Propulsione	Pogon
Rotazione	Rotacija
Stabilità	Stabilnost
Struttura	Struktura

Insetti
Insekti

Afide	Aphid
Ape	Pčela
Calabrone	Stršljen
Cavalletta	Skakavac
Cicala	Cicada
Coccinella	Ladybug
Coleottero	Buba
Falena	Molj
Farfalla	Leptir
Formica	Ant
Larva	Larva
Libellula	Dragonfly
Locusta	Locust
Mantide	Mantis
Pulce	Buha
Scarafaggio	Bubašvaba
Termite	Termit
Verme	Crv
Vespa	Wasp
Zanzara	Komarac

Jazz
Džez

Album	Album
Applauso	Aplauz
Artista	Umjetnik
Canzone	Pjesma
Compositore	Kompozitor
Composizione	Sastav
Concerto	Koncert
Enfasi	Naglasak
Famoso	Čuven
Genere	Žanr
Improvvisazione	Improvizacija
Musica	Muzika
Nuovo	Novo
Orchestra	Orkestar
Preferiti	Favoriti
Ritmo	Ritam
Stile	Stil
Talento	Dar
Tecnica	Tehnika
Vecchio	Star

L'Azienda
Kompanija

Creativo	Kreativan
Decisione	Odluka
Globale	Globalno
Industria	Industrija
Innovativo	Inovativno
Investimento	Ulaganje
Occupazione	Zapošljavanje
Possibilità	Mogućnost
Presentazione	Prezentacija
Prodotto	Proizvod
Professionale	Profesionalno
Progresso	Napredak
Qualità	Kvalitet
Reddito	Prihod
Reputazione	Ugled
Rischi	Rizici
Risorse	Resursi
Salari	Plate
Tendenze	Trendovi
Unità	Jedinice

Letteratura
Književnost

Analisi	Analiza
Analogia	Analogija
Aneddoto	Anegdota
Autore	Autor
Biografia	Biografija
Conclusione	Zaključak
Confronto	Poređenje
Descrizione	Opis
Dialogo	Dijalog
Genere	Žanr
Metafora	Metafora
Opinione	Mišljenje
Poesia	Poema
Poetico	Poetika
Rima	Rima
Ritmo	Ritam
Romanzo	Roman
Stile	Stil
Tema	Tema
Tragedia	Tragedija

Libri
Knjige

Autore	Autor
Avventura	Avantura
Collezione	Zbirka
Contesto	Kontekst
Dualità	Dualitet
Epico	Epski
Immersione	Imersion
Inventivo	Inventivno
Letterario	Književno
Lettore	Čitač
Narratore	Narator
Pagina	Stranica
Poesia	Poezija
Romanzo	Roman
Scritto	Napisano
Serie	Serija
Storia	Priča
Storico	Historijski
Tragico	Tragično
Umoristico	Humoran

Malattia
Bolesti

Allergie	Alergije
Batterico	Bakterijski
Benessere	Wellness
Contagioso	Zarazno
Corpo	Telo
Cuore	Srce
Debole	Slab
Ereditario	Nasljedno
Genetico	Genetski
Immunità	Imunitet
Infiammazione	Upala
Lombare	Lumbar
Neuropatia	Neuropatija
Ossa	Kosti
Patogeni	Patogeni
Respiratorio	Respiratorni
Salute	Zdravlje
Seno	Sinus
Sindrome	Sindrom
Terapia	Terapija

Mammiferi
Sisavci

Balena	Kit
Cane	Pas
Canguro	Kengur
Cavallo	Konj
Cervo	Jelen
Coniglio	Zec
Coyote	Kojot
Delfino	Delfin
Elefante	Slon
Gatto	Mačka
Giraffa	Žirafa
Gorilla	Gorila
Leone	Lav
Lupo	Vuk
Orso	Bear
Pecora	Ovce
Scimmia	Majmun
Toro	Bik
Volpe	Lisica
Zebra	Zebra

Matematica
Matematiäťki

Angoli	Uglovi
Aritmetica	Aritmetika
Circonferenza	Obim
Decimale	Decimalni
Diametro	Diameter
Equazione	Jednačina
Esponente	Exponent
Geometria	Geometrija
Numeri	Brojevi
Parallelo	Paralelno
Parallelogramma	Paralelogram
Perimetro	Perimetar
Poligono	Poligon
Quadrato	Kvadrat
Raggio	Radijus
Rettangolo	Pravougaonik
Simmetria	Simetrija
Somma	Suma
Triangolo	Trougao
Volume	Volume

Meditazione
Meditacija

Accettazione	Prihvatanje
Attenzione	Pažnja
Chiarezza	Jasnoća
Emozioni	Emocije
Gratitudine	Zahvalnost
Insegnamenti	Učenja
Intuizione	Uvid
Mentale	Mentalno
Mente	Razum
Movimento	Pokret
Musica	Muzika
Natura	Priroda
Pace	Mir
Pensieri	Misli
Prospettiva	Perspektiva
Respirazione	Disanje
Silenzio	Tišina
Sveglio	Budan

Meteo
Vrijeme

Arcobaleno	Duga
Asciutto	Suho
Atmosfera	Atmosfera
Cielo	Nebo
Clima	Klima
Fulmine	Munja
Ghiaccio	Led
Monsone	Monsun
Nebbia	Magla
Nube	Oblak
Nuvoloso	Oblačno
Polare	Polar
Siccità	Suša
Temperatura	Temperatura
Tempesta	Oluja
Tornado	Tornado
Tuono	Thunder
Umido	Vlažno
Uragano	Uragan
Vento	Vjetar

Misurazioni
Mjerenja

Altezza	Visina
Byte	Bajt
Centimetro	Centimetar
Chilogrammo	Kilogram
Chilometro	Kilometar
Decimale	Decimalni
Grado	Stepen
Grammo	Gram
Larghezza	Širina
Litro	Litar
Lunghezza	Dužina
Massa	Mass
Metro	Meter
Minuto	Minuta
Oncia	Unca
Peso	Težina
Pollice	Inch
Profondità	Dubina
Tonnellata	Tona
Volume	Volume

Mitologia
Mitologija

Archetipo	Arhetip
Comportamento	Ponašanje
Creatura	Stvorenje
Creazione	Stvaranje
Cultura	Kultura
Disastro	Katastrofa
Eroe	Junak
Forza	Strength
Fulmine	Munja
Gelosia	Ljubomora
Guerriero	Ratnik
Immortalità	Besmrtnost
Labirinto	Labirint
Leggenda	Legenda
Mortale	Smrtnik
Mostro	Čudovište
Paradiso	Nebo
Trionfante	Trijumfa
Tuono	Thunder
Vendetta	Osveta

Musica
Muzika

Album	Album
Armonia	Harmonija
Armonico	Harmonik
Ballata	Balada
Cantante	Singer
Cantare	Pjevati
Classico	Klasika
Coro	Hor
Lirico	Lirski
Melodia	Melodija
Microfono	Mikrofon
Musicale	Mjuzikl
Musicista	Muzičar
Opera	Opera
Poetico	Poetika
Registrazione	Snimanje
Ritmico	Ritmički
Ritmo	Ritam
Strumento	Instrument
Vocale	Vokal

Natura
Priroda

Animali	Životinje
Api	Pčele
Artico	Arktik
Bellezza	Ljepota
Deserto	Pustinja
Dinamico	Dinamički
Erosione	Erozija
Fiume	Rijeka
Fogliame	Lišće
Foresta	Šuma
Ghiacciaio	Ledenjak
Montagne	Planine
Nebbia	Magla
Nuvole	Oblaci
Rifugio	Sklonište
Santuario	Svetište
Scogliere	Litice
Selvaggio	Divlji
Sereno	Serene
Tropicale	Tropski

Numeri
Brojevi

Cinque	Pet
Decimale	Decimalni
Diciannove	Devetnaest
Diciassette	Sedamnaest
Diciotto	Osamnaest
Dieci	Deset
Dodici	Dvanaest
Due	Dva
Nove	Devet
Otto	Osam
Quattordici	Četrnaest
Quattro	Četiri
Quindici	Petnaest
Sedici	Šesnaest
Sei	Šest
Sette	Sedam
Tre	Tri
Tredici	Trinaest
Venti	Dvadeset
Zero	Nula

Nutrizione
Ishrana

Amaro	Gorak
Appetito	Apetit
Bilanciato	Balans
Calorie	Kalorije
Commestibile	Jestivo
Dieta	Dijeta
Digestione	Probava
Fermentazione	Fermentacija
Gusto	Ukus
Liquidi	Tečnosti
Nutriente	Nutrient
Peso	Težina
Proteine	Proteini
Qualità	Kvalitet
Salsa	Sos
Salute	Zdravlje
Sano	Zdrav
Spezie	Začini
Tossina	Toksin
Vitamina	Vitamin

Oceano
Ocean.

Anguilla	Jegulja
Balena	Kit
Barca	Boat
Corallo	Koral
Delfino	Delfin
Gamberetto	Škamp
Granchio	Rak
Maree	Plime
Medusa	Meduza
Onde	Talasi
Ostrica	Oyster
Pesce	Riba
Polpo	Hobotnica
Sale	So
Scogliera	Greben
Spugna	Sunđer
Squalo	Ajkula
Tartaruga	Kornjača
Tempesta	Oluja
Tonno	Tuna

Paesaggi
Krajolici

Cascata	Vodopad
Collina	Brdo
Deserto	Pustinja
Fiume	Rijeka
Geyser	Gejzir
Ghiacciaio	Ledenjak
Grotta	Pećina
Iceberg	Santa Leda
Isola	Island
Lago	Jezero
Mare	More
Montagna	Planina
Oasi	Oasis
Oceano	Ocean
Palude	Močvara
Penisola	Poluotok
Spiaggia	Plaža
Tundra	Tundra
Valle	Dolina
Vulcano	Vulkan

Paesi #1
Zemlje # 1

Brasile	Brazil
Cambogia	Kambodža
Canada	Kanada
Egitto	Egipat
Finlandia	Finska
Germania	Njemačka
India	Indija
Iraq	Irak
Israele	Izrael
Libia	Libija
Mali	Mali
Marocco	Maroko
Norvegia	Norveška
Panama	Panama
Polonia	Poljska
Romania	Rumunija
Senegal	Senegal
Spagna	Španija
Venezuela	Venecuela
Vietnam	Vijetnam

Paesi #2
Zemlje Broj 2

Albania	Albanija
Danimarca	Danska
Etiopia	Etiopija
Giamaica	Jamajka
Giappone	Japan
Grecia	Grčka
Haiti	Haiti
Indonesia	Indonezija
Irlanda	Irska
Laos	Laos
Liberia	Liberija
Messico	Meksiko
Nepal	Nepal
Nigeria	Nigerija
Pakistan	Pakistan
Russia	Rusija
Siria	Sirija
Sudan	Sudan
Ucraina	Ukrajina
Uganda	Uganda

Piante
Biljke

Albero	Drvo
Bacca	Berry
Bambù	Bambus
Botanica	Botanika
Cactus	Kaktus
Cespuglio	Grm
Crescere	Grow
Edera	Bršljan
Erba	Trava
Fagiolo	Grah
Fertilizzante	Đubrivo
Fiore	Cvijet
Flora	Flora
Fogliame	Lišće
Foresta	Šuma
Giardino	Bašta
Muschio	Moss
Petalo	Latica
Radice	Root
Vegetazione	Vegetacija

Professioni #1
Profesije #1

Allenatore	Trener
Ambasciatore	Ambasador
Artista	Umjetnik
Astronomo	Astronom
Avvocato	Advokat
Ballerino	Dancer
Banchiere	Bankar
Cacciatore	Lovac
Cartografo	Kartograf
Editore	Urednik
Geologo	Geolog
Gioielliere	Zlatar
Infermiera	Sestro.
Marinaio	Mornar
Medico	Doktor
Musicista	Muzičar
Pianista	Pijanist
Psicologo	Psiholog
Scienziato	Naučnik
Veterinario	Veterinar

Professioni #2
Profesije #2

Astronauta	Astronaut
Bibliotecario	Bibliotekar
Biologo	Biolog
Chirurgo	Hirurg
Dentista	Zubar
Filosofo	Filozof
Fotografo	Fotograf
Giardiniere	Vrtlar
Giornalista	Novinar
Illustratore	Ilustrator
Ingegnere	Inženjer
Insegnante	Učitelj
Inventore	Izumitelj
Investigatore	Istražitelj
Linguista	Lingvist
Medico	Doktor
Pilota	Pilot
Pittore	Slikar
Ricercatore	Istraživač
Zoologo	Zoolog

Psicologia
Psihologija

Appuntamento	Sastanak
Clinico	Klinički
Cognizione	Spoznaja
Comportamento	Ponašanje
Conflitto	Sukob
Ego	Ego
Emozioni	Emocije
Esperienze	Iskustva
Idee	Ideje
Inconscio	Nesvjesno
Infanzia	Djetinje
Influenze	Uticaji
Pensieri	Misli
Percezione	Percepcija
Personalità	Ličnost
Problema	Problem
Realtà	Stvarnost
Sensazione	Senzacija
Terapia	Terapija
Valutazione	Procjena

Riscaldamento Globale
Globalno Zagrijavanje

Artico	Arktik
Attenzione	Pažnja
Clima	Klima
Conseguenze	Posljedice
Crisi	Kriza
Dati	Podaci
Energia	Energija
Futuro	Budućnost
Gas	Gas
Generazioni	Generacije
Governo	Vlada
Habitat	Staništa
Industria	Industrija
Internazionale	Međunarodni
Legislazione	Zakonodavstvo
Ora	Sada
Popolazioni	Populacije
Scienziato	Naučnik
Sviluppo	Razvoj
Temperature	Temperature

Salute e Benessere #1
Zdravlje i Wellness #1

Abitudine	Navika
Altezza	Visina
Attivo	Aktivno
Batteri	Bakterije
Clinica	Klinika
Fame	Glad
Farmacia	Apoteka
Frattura	Fraktura
Medicina	Lijek
Medico	Doktor
Muscoli	Mišići
Ormoni	Hormoni
Ossa	Kosti
Pelle	Koža
Riflesso	Refleks
Rilassamento	Opuštanje
Supplementi	Dodaci
Terapia	Terapija
Trattamento	Tretman
Virus	Virus

Salute e Benessere #2
Zdravlje i Wellness #2

Allergia	Alergija
Anatomia	Anatomija
Appetito	Apetit
Caloria	Kalorija
Corpo	Telo
Dieta	Dijeta
Digestione	Probava
Disidratazione	Dehidracija
Energia	Energija
Genetica	Genetika
Igiene	Higijena
Infezione	Infekcija
Malattia	Bolest
Massaggio	Masaža
Nutrizione	Ishrana
Ospedale	Bolnica
Peso	Težina
Sangue	Krv
Sano	Zdrav
Vitamina	Vitamin

Scienza
Nauka

Atomo	Atom
Chimico	Hemijski
Clima	Klima
Dati	Podaci
Esperimento	Eksperiment
Evoluzione	Evolucija
Fatto	Činjenica
Fisica	Fizika
Fossile	Fosil
Gravità	Gravitacija
Ipotesi	Hipoteza
Laboratorio	Laboratorija
Metodo	Metoda
Minerali	Minerali
Molecole	Molekule
Natura	Priroda
Organismo	Organizam
Particelle	Čestice
Piante	Biljke
Scienziato	Naučnik

Spezie
Unit-Format

Aglio	Češnjak
Amaro	Gorak
Anice	Anis
Cannella	Cimet
Cardamomo	Kardamom
Cipolla	Luk
Coriandolo	Coriander
Cumino	Cumin
Curcuma	Kurkuma
Curry	Curry
Dolce	Slatko
Finocchio	Komorač
Liquirizia	Licorice
Noce Moscata	Muškat
Paprika	Paprika
Pepe	Biber
Sale	So
Vaniglia	Vanilija
Zafferano	Šafran
Zenzero	Ginger

Strumenti Musicali
Muziäťki Instrumenti

Armonica	Harmonika
Arpa	Harp
Banjo	Banjo
Chitarra	Gitara
Clarinetto	Klarinet
Fagotto	Fagot
Flauto	Flauta
Gong	Gong
Mandolino	Mandolina
Marimba	Marimba
Oboe	Oboe
Percussione	Udaraljke
Pianoforte	Klavir
Sassofono	Saksofon
Tamburello	Tambura
Tamburo	Bubanj
Tromba	Truba
Trombone	Trombon
Violino	Violinu
Violoncello	Čelo

Tecnologia
Tehnologija

Blog	Blog
Browser	Preglednik
Byte	Bajtova
Computer	Računar
Cursore	Kursor
Dati	Podaci
Digitale	Digitalno
File	Fajl
Font	Font
Internet	Internet
Messaggio	Poruka
Ricerca	Istraživanje
Schermo	Ekran
Sicurezza	Sigurnost
Software	Softver
Statistiche	Statistika
Telecamera	Kamera
Virtuale	Virtualno
Virus	Virus

Tempo
Vrijeme

Anno	Godina
Annuale	Godišnji
Calendario	Kalendar
Decennio	Decenija
Dopo	Poslije
Futuro	Budućnost
Giorno	Dan
Ieri	Juče
Mattina	Jutro
Mese	Mjesec
Mezzogiorno	Podne
Minuto	Minuta
Momento	Trenutak
Notte	Noć
Oggi	Danas
Ora	Sat
Presto	Uskoro
Prima	Prije
Secolo	Century
Settimana	Sedmicu

Tipi di Capelli
Tipovi za Kosu

Asciutto	Suho
Bianco	Bela
Biondo	Plava
Breve	Kratko
Calvo	Ćelav
Colorato	Obojeno
Grigio	Siva
Intrecciato	Braided
Lungo	Dugo
Marrone	Brown
Morbido	Meko
Nero	Crna
Riccio	Curly
Riccioli	Kovrče
Sano	Zdrav
Sottile	Tanak
Spessore	Debeo
Trecce	Pletenice

Uccelli
Ptice

Airone	Heron
Anatra	Patka
Aquila	Orao
Cicogna	Roda
Cigno	Labud
Colomba	Dove
Cuculo	Kukavica
Fenicottero	Flamingo
Gabbiano	Gull
Oca	Guska
Pappagallo	Papagaj
Passero	Sparrow
Pavone	Paun
Pellicano	Pelikan
Piccione	Golub
Pinguino	Pingvin
Pollo	Kokoš
Struzzo	Noj
Tucano	Toucan
Uovo	Jaje

Universo
Univerzum

Asteroide	Asteroid
Astronomia	Astronomija
Astronomo	Astronom
Atmosfera	Atmosfera
Buio	Tama
Celeste	Nebeski
Cielo	Nebo
Cosmico	Cosmic
Emisfero	Hemisfera
Galassia	Galaksija
Latitudine	Latitude
Longitudine	Dužina
Luna	Mjesec
Orbita	Orbita
Orizzonte	Horizont
Solare	Solarno
Solstizio	Solsticij
Telescopio	Teleskop
Visibile	Vidljiv
Zodiaco	Zodiac

Vacanze #2
Odmor # 2

Aeroporto	Aerodrom
Campeggio	Kampiranje
Destinazione	Odredište
Foto	Slike
Hotel	Hotel
Isola	Island
Mappa	Mapa
Mare	More
Montagne	Planine
Passaporto	Pasoš
Ristorante	Restoran
Spiaggia	Plaža
Straniero	Strani
Taxi	Taksi
Tempo Libero	Leisure
Tenda	Šator
Trasporto	Transport
Treno	Voz
Viaggio	Putovanje
Visto	Visa

Veicoli
Vozila

Aereo	Avion
Ambulanza	Hitna
Auto	Auto
Autobus	Autobus
Barca	Boat
Bicicletta	Bicikl
Camion	Kamion
Caravan	Karavan
Elicottero	Helikopter
Metropolitana	Podzemna
Motore	Motor
Pneumatici	Gume
Razzo	Raketa
Scooter	Skuter
Sottomarino	Podmornica
Taxi	Taksi
Traghetto	Trajekt
Trattore	Traktor
Treno	Voz
Zattera	Splav

Verdure
Povrće

Aglio	Češnjak
Broccolo	Brokula
Carciofo	Artičoka
Carota	Mrkva
Cetriolo	Krastavac
Cipolla	Luk
Fungo	Gljiva
Insalata	Salata
Melanzana	Patlidžan
Patata	Krompir
Pisello	Grašak
Pomodoro	Paradajz
Prezzemolo	Peršun
Rapa	Repa
Ravanello	Rotkvica
Scalogno	Shallot
Sedano	Celer
Spinaci	Špinat
Zenzero	Ginger
Zucca	Tikva

Vestiti
Odjeća

Abito	Haljina
Braccialetto	Narukvica
Camicetta	Bluza
Camicia	Košulja
Cappello	Šešir
Cappotto	Kaput
Cintura	Kaiš
Collana	Ogrlica
Giacca	Jakna
Gonna	Suknja
Grembiule	Kecelja
Guanti	Rukavice
Jeans	Farmerke
Maglione	Džemper
Moda	Moda
Pantaloni	Hlače
Pigiama	Pidžama
Sandali	Sandale
Scarpa	Cipela
Sciarpa	Šal

Congratulazioni

Ce l'hai fatta!

Speriamo che questo libro vi sia piaciuto tanto quanto a noi è piaciuto concepirlo. Ci sforziamo di creare libri della più alta qualità possibile.
Questa edizione è progettata per fornire un apprendimento intelligente, di qualità e divertente!

Le è piaciuto questo libro?

Una Semplice Richiesta

Questi libri esistono grazie alle recensioni che pubblicate.

Puoi aiutarci lasciando una recensione
ora a questo link ?

BestBooksActivity.com/Recensioni50

SFIDA FINALE!

Sfida n°1

Sei pronto per il tuo gioco gratuito? Li usiamo sempre, ma non sono così facili da trovare - ecco i **Sinonimi!**
Scrivi 5 parole che hai trovato nei puzzle (n° 21, n° 36, n° 76) e prova a trovare 2 sinonimi per ogni parola.

Scrivi 5 parole del **Puzzle 21**

Parole	Sinonimo 1	Sinonimo 2

Scrivi 5 parole del **Puzzle 36**

Parole	Sinonimo 1	Sinonimo 2

Scrivi 5 parole del **Puzzle 76**

Parole	Sinonimo 1	Sinonimo 2

Sfida n°2

Ora che ti sei riscaldato, scrivi 5 parole che hai trovato nei puzzle n° 9, n° 17 e n° 25 e cerca di trovare 2 contrari per ogni parola. Quanti ne puoi trovare in 20 minuti?

Scrivi 5 parole del **Puzzle 9**

Parole	Antonimo 1	Antonimo 2

Scrivi 5 parole del **Puzzle 17**

Parole	Antonimo 1	Antonimo 2

Scrivi 5 parole del **Puzzle 25**

Parole	Antonimo 1	Antonimo 2

Sfida n°3

Grande! Questa sfida non è niente per te!

Pronto per la sfida finale? Scegli 10 parole che hai scoperto nei diversi puzzle e scrivile qui sotto.

1.	6.
2.	7.
3.	8.
4.	9.
5.	10.

Ora scrivi un testo pensando a una persona, un animale o un luogo che ti piace.

Puoi usare l'ultima pagina di questo libro come bozza.

La tua composizione:

TACCUINO:

A PRESTO!

Tutta la Squadra

SCOPRIRE GIOCHI GRATIS

GO

↓

BESTACTIVITYBOOKS.COM/FREEGAMES